L'EXODE MONTAGNEUX EN FRANCE.

CAUSES PHYSIOGRAPHIQUES, CULTURALES, ETC. LES REMÈDES,

PAR M. L.-A. FABRE.

SOMMAIRE.

Les populations montagneuses sont cantonnées sur de hauts plateaux ou dans de profondes vallées. Leurs conditions de vie, auxquelles elles sont naturellement adaptées, sont toujours difficiles. Leur moyens d'existence proviennent surtout de la culture sylvo-pastorale. Les produits forestiers sont exploités directement, mais toujours à assez long terme; les produits pastoraux peuvent être exploités annuellement, mais ils exigent toujours l'intervention d'un capital pastoral, le troupeau.

La fertilité et l'intégrité même de la terre cultivée exigent partout des soins, des «aménagements» donnés soit au sol, soit à ses produits. Ceux-ci constituent pour le sol, surtout en montagne, un abri protecteur indispensable contre l'intempérisme. «L'armature» sylvo-pastorale du sol, essentiellement adaptée elle aussi au milieu, s'installe spontanément. Si elle est systématiquement dégradée par la culture, le sol dénudé se stérilise; il est bientôt entraîné par les eaux.

En raison des «conditions naturelles» difficiles et des nécessités de l'industrie pastorale, le sol montagneux inapte à l'appropriation individuelle, reste généralement propriété collective. Dès lors, et en l'absence de réglementation capable de pourvoir aux initiatives défaillantes et indispensables, la jouissance de ce bien collectif subira les déprédations de tous, les abus pastoraux et autres, qui y déterminent la dénudation et l'érosion.

Le troupeau trop rationné périclite; sous la menace de l'éviction par la faim et le torrent, commencent la dépopulation, l'exode du montagnard.

Dépossédés, sinon directement frappés par les eaux déchaînées, Alpins, Pyrénéens et Caussenards fuiront, en suivant les lambeaux de leur terre natale : le plus souvent ils émigrent au loin et s'expatrient. On compte ceux qui reviennent!

Pour la France, qui non seulement manque de «matière émigrante» (R. Gonnard), mais se dépeuple sans qu'aucun courant d'immigration stable ait jamais remonté le fil des eaux, la dénudation des montagnes est un double fléau, économique et social.

La législation actuelle et celle projetée lui opposent une mesure draconienne, pire que le mal, car elle l'accentue. L'État se réapproprie, il «nationalise» les sols dont la dégradation constitue des *dangers immédiats*, sans s'être jamais préoccupé d'obvier aux causes de cette dégradation.

Depuis quelques années, sous couleur de peupler nos colonies, on amorce l'émigration à ses sources mêmes; on la stimule administrativement, exportant nos travailleurs nationaux, tandis que nous en faisons venir à grand frais de l'étranger, même pour restaurer nos montagnes!

Le dérèglement de nos rivières montagneuses a pris au cours du siècle dernier, avec la culture extensive, des proportions tellement désastreuses qu'un mouvement d'opinion considérable s'est développé, particulièrement dans le Sud-Ouest, pour grouper des études, susciter des initiatives, une coopération généreuse et éclairée de tous ceux qui, dans les plaines, pâtissent de la dénudation des montagnes.

Bien que l'État soit en principe le protecteur-né du sol et de son occupant, le «gardien de toutes les solidarités», la tâche qui lui incomberait aujourd'hui dépasse ses moyens : les projets parlementaires nouveaux, qui persistent à faire de l'expropriation du sol le pivot de la restauration des montagnes, sont un aveu non déguisé d'impuissance. Il doit être aidé, suppléé même bien souvent, par l'initiative et la coopération de groupements régionaux, localisés et concordants, directement intéressés au succès de l'œuvre commune. Il doit rechercher, multiplier et stimuler tous les moyens de défendre les montagnards contre eux-mêmes, d'enrayer leur exode.

Nous étudierons successivement :

I. Le *Milieu montagnard*, cadre géographique, économique et social, où évoluent les faits.

II. L'*Émigration*, la *Dénudation*, l'exode du montagnard consécutif à l'exode du sol torrentialisé.

III. La *Réappropriation du sol*, les mesures prises ou projetées pour réapproprier le sol dégradé à de plus avisés.

IV. La *Protection coopérative du sol* par l'action commune de ceux qu'intéresse sa conservation.

A la *Conclusion*, nous joindrons en Annexe un Programme détaillé de *monographie de région sylvo-pastorale.*

I

LE MILIEU MONTAGNARD.

En 1873, à une époque où la création d'un nouveau ministère, celui de l'agriculture, promettait l'âge d'or à nos campagnes, l'attention du Parlement fut pour la première fois attirée sur la dépopulation de nos montagne. Cézanne, député des Hautes-Alpes, exposa à la Chambre (1) la situation démographique inquiétante de la plupart de nos départements alpins et pyrénéens. L'éminent ingénieur énonçait brièvement certaines causes «humaines» auxquelles, avec Léonce de Lavergne, il attribuait «l'avancement des plaines, le recul des montagnes» : progrès de la civilisation, des communications, des cultures; attirance des grands centres, des grandes usines..... Il conviait les pouvoirs publics et plus tard les groupements montagneux d'alors (2), à étudier la *Question des montagnes*, à s'attacher à la grande œuvre de leur repopulation.

L'appel ne pouvait partir d'une bouche plus autorisée, d'un esprit plus hautement éclairé sur les choses montagneuses : la discussion des lois de 1860 et 1864 sur le reboisement et le gazonnement des montagnes avait préparé le Parlement à l'étude de cette question nouvelle.

I. A vrai dire, il y a quarante ans, notre connaissance des milieux montagnards était bien rudimentaire.

Toutefois Surrel, dont Cézanne devait continuer l'œuvre magistrale, avait, depuis les grandes inondations de la Loire et du Rhône,

(1) Séances des 19 et 20 février 1873.

(2) Annuaire du Club Alpin Français, 1874.

jeté un premier cri d'alarme sur la dénudation des Alpes. Cavour, en 1860, prononçait une première fois, à leur sujet, le mot magique de «Houille blanche», qui ne devait que plus tard faire fortune, grâce à Bergès. Les Pyrénées qui «n'existaient plus» depuis le grand Roi, malgré la brillante découverte qu'en poursuivait la «pléiade pyrénéiste» (H. Béraldi), affirmaient leur existence par les désastreuses inondations de 1875. Des groupements tous les jours plus nombreux, stimulés par d'entreprenantes initiatives, partaient en reconnaissances, poussant leurs hardies investigations scientifiques, économiques et même sociologiques, jusqu'au cœur de nos vallées les plus reculées, jusque sur nos sommets les moins accessibles. On peut dire que l'inventaire des richesses matérielles de nos montagnes se poursuit partout. Dès aujourd'hui, nous pouvons concevoir leur puissance économique et le parti considérable que nous pouvons tirer de ces ressources[1].

Au point de vue d'une exploitation avisée, fructueuse et permanente, l'effort est infiniment moins avancé. C'est que les «terres inconnues» que sont restées pendant des siècles les hautes montagnes tentèrent peu l'appropriation aussi bien des individus que des peuples[2] : excellentes défenses et frontières naturelles, elles restèrent absolument méconnues au point de vue cultural. Il y a peu d'années, on estimait encore que «l'existence d'un relief quelconque, même peu caractérisé, est une cause de pauvreté agricole pour un pays» (M. Dubois).

L'économie agricole, qui pour un grand pays est le point de départ de toute évolution économique progressive, doit se subordonner partout à l'ensemble des conditions géographiques du sol : elle ne saurait sans dangers y contrevenir. Le développement spontané de la végétation, source d'énergie pour les animaux et qui en définitive rend le sol habitable pour l'homme, est une fonction naturelle de ces conditions géographiques essentiellement variables, particulièrement avec les reliefs du sol. Sur ces derniers, la nature

(1) Dans les Alpes, on vient de jeter les bases scientifiques d'une grandiose étude des forces hydrauliques : elle doit être poursuivie dans les Pyrénées et dans nos autres massifs montagneux. (*Service d'études des grandes forces hydrauliques dans la région des Alpes*). R. Tavernier et R. de la Brosse. 2 vol. in-8°. Cartes. Planches, etc. Paris, Impr. nat., 1907.

(2) «L'herbe est de nature essentiellement communataire, elle résiste obstinément à l'appropriation.» E. Demolins, *Les Français d'aujourd'hui*, 1898, p. 6.

modèle, avec une merveilleuse plasticité, la forme et le groupement des plantes dont les associations deviennent simultanément la parure et l'armature du sol, les organes essentiels de sa mise en valeur par l'homme, de sa défense contre l'intempérisme. On conçoit le trouble que la culture extensive apporte le plus souvent à cette harmonie naturelle, surtout en région montagneuse où varient suivant l'altitude l'infinité des types végétaux que la nature étale du Spitzberg au Sahara.

D'ailleurs, la houille blanche, c'est-à-dire l'énergie matérielle des eaux que les montagnes accumulent en partie dans des glaciers toujours localisés et surtout dans leur humus sylvo-pastoral, nous a déjà fait découvrir «des horizons immenses par delà les vieux édifices»[1]. Aujourd'hui, le captage électro-chimique de l'azote atmosphérique, l'utilisation des tourbières pour la fabrication des nitrates, relèguent au tout dernier plan de l'histoire économique les conceptions d'équilibre malthusien sur la fertilité et le peuplement du sol : pour qui ménage les sources sylvo-pastorales si profuses de la houille blanche, toute crainte de surpopulation des campagnes est désormais bien puérile.

Cette houille blanche automatiquement régénérée par la nature et indéfiniment localisable par l'homme à l'aide de la végétation, n'est-elle pas un prestigieux organe de stabilisation du montagnard ? Il trouvera dans la grande usine des ressources inespérées hier, lui qui possède déjà par le travail agricole montagneux, un organe privilégié de restauration du «travail familial» ?

N'est-ce point à l'absence de reliefs montagneux que le moujick doit en partie son atavisme nomade contre lequel rien, pas même l'extrême fertilité de ses terres noires, n'a pu réagir utilement ? Quel prix n'attacherait-on pas dans la zone des steppes et jusque dans l'Alföld hongrois, à la surrection de collines sporadiques qui briseraient les vents polaires, condenseraient leur peu de vapeur d'eau, entraveraient la chasse éolienne des neiges et des sables,

[1] E. F. Côte, *La houille blanche et la fabrication électro-chimique des engrais*, Annales de la Société d'agriculture de Lyon, 1905, p. 215, etc.

La houille blanche devient aujourd'hui un article d'exportation : Chautemps, *Transport de l'énergie électrique*. Sénat, annexe au procès-verbal de la séance du 12 juin 1906, n° 291. Cette proposition est la réplique au message fédéral du 4 décembre 1905, du Conseil fédéral suisse, sur l'utilisation des forces hydrauliques de la Suisse à l'étranger.

vivifieraient le lit desséché des rivières, défendraient des âpres morsures du froid l'isbà, autour de laquelle la dénudation absolue est faite et que l'on doit chauffer aujourd'hui avec la paille des récoltes et le fumier des étables?

Au milieu des vastes plaines tourbeuses ou sablonneuses de la basse Allemagne, quelle n'est pas la valeur du Hartz boisé, qui surgit, «assembleur de nuages», merveilleuse usine hydraulique et agricole d'où rayonne au loin l'énergie industrielle, la «Wasser-Kraft», la fertilité culturale.

Que deviendraient les huertas chaudes et ensoleillées de l'Espagne orientale sans les hautes sierras qui les pourvoient d'eau; nos oasis africaines sans l'approvisionnement artésien qu'elles puisent dans les hauts reliefs de l'Algérie; la plaine lombarde sans les Alpes qui irriguent ses rizières avec les eaux apportées par les vents de l'Adriatique; la Sicile sans l'Etna; le continent malgache sans l'écran de l'Imérina qui lui restitue les eaux de l'océan Indien, et peut-être celles du Pacifique qui ont franchi, inutilisées, les immenses plaines arides de l'Australasie?

N'est-ce point sur les hauts plateaux abyssins que le Nil s'est toujours approvisionné en grande partie des eaux et des limons qui, depuis les Pharaons, ont fait l'Égypte? Les hydrauliciens y projettent aujourd'hui les derniers captages avec lesquels l'irrigation pérenne, devenue institution d'État, va finir d'asservir le fellah aux cultures industrielles de l'empire britannique.

Il est d'ailleurs bien difficile de se faire une idée de l'état cultural que pourrait avoir la terre entièrement aplanie, tour à tour congestionnée d'eau ou stérilisée par l'aridité de régimes ultra-continentaux, livrée aux caprices des cyclones, aux cataractes des moussons, qui déjoueraient toute prévision agricole par de périodiques et interminables alternatives de sécheresse ou d'inondation. Les agronomes reconnaissent de plus en plus que ce n'est pas la rareté des pluies, le prétendu appauvrissement du régime pluviométrique qui entravent l'agriculture, mais bien l'irrégularité de ces pluies, le défaut d'adaptation de ce régime, facteur naturel, intangible, géographique, avec le régime des cultures agricoles, tout artificiel et précaire; d'où, la nécessité des «irrigations» sous tous les climats; des «cultures dérobées» sous le nôtre; de cet «abri du sol», que réalise au mieux la culture sylvo-pastorale avec ses forêts et ses pelouses pérennes.

Les montagnes, bien plus que les plaines, ont pu diversifier es populations par la multiplicité de leurs «terroirs». C'est en faisant d'intéressantes incursions sur le terrain physiologique, que les sociologues de l'école de Le Play cherchèrent une première fois l'influence du Lieu sur le Travail, analysant les conditions de «milieu» qui paraissent nécessaires et suffisantes pour constituer le type pyrénéen, le type caussenard, etc. De la fusion de ces types, de leur opposition, de leur antagonisme naturel, naît en fin de compte une harmonie sociale qui constitue la race, le génie d'un peuple.

Si nous avons fait grande figure dans l'histoire, nous le devons sans doute en partie aux montagnes qui ont diversifié nos cultures et nos races. Peut-on trouver au cours de l'histoire, des populations plus industrieuses, plus soucieuses de leur liberté individuelle, du sentiment national, plus cramponnées à leur sol natal que celles de la Suisse, ce château d'eau de l'Europe? C'est en Suisse que les nations du vieux monde, même celles qui font le plus bruyant étalage de leurs principes démocratiques, doivent aujourd'hui chercher l'expression la plus parfaite d'une réaction contre le droit à l'abus que l'axiome latin semble avoir donné au propriétaire du sol et que notre imprudente législation de 1791 a affirmé si malheureusement pour nos montagnes[1]. La loi fédérale du 11 octobre 1902 sur la Protection de la terre en région sylvo-pastorale est certainement dans le monde, le type de la législation la plus coercitive, mais aussi la plus socialement efficace en vue de l'Aménagement des Montagnes[2].

II. Si la montagne nous est révélée aujourd'hui, non pas comme une cause d'infériorité économique pour un pays, mais bien comme une «richesse nouvelle» par la judicieuse exploitation de ses res-

(1) Loi du 28 septembre 1791 : «Art. 2. Les propriétaires sont libres de varier à leur gré la culture et l'exploitation de leurs terres, de conserver.....»

(2) La Suisse avait donné, en 1838, un autre exemple de sage prévoyance, dans un conflit politique d'origine pastorale, qui mit aux prises les partisans du gros et ceux du petit bétail, les *Hörnmänner* et les *Klauenmänner*. Le Conseil fédéral trancha le différend au profit des partisans du gros bétail. Il a soustrait les montagnes à la dévastation systématique des chèvres et des moutons, et donné l'essor à l'exploitation du gros bétail qui assure la sauvegarde du sol et la fortune du pays.

sources naturelles [1], à qui peut-on mieux confier cette exploitation qu'au montagnard, qui lui est adapté par atavisme? Qu'est-il et que vaut-il, ce montagnard, dont nous connaissons le milieu physiographique depuis si peu de temps?

La pénétration de son caractère est certainement plus ardue que l'escalade de ses montagnes, et bien peu parmi ceux qui l'entrevirent au cours d'un rapide estivage balnéaire ou touristique peuvent se flatter d'en rapporter une notion précise. Pour le connaître, il faudrait parler ses idiomes, vêtir son costume, vivre longtemps, aux beaux comme aux mauvais jours, sa rude vie; accomplir cette tâche complexe et rebutante, dans les Alpes, les Cévennes, les Causses, les Pyrénées, l'Auvergne; s'essayer par les délicates analyses que L. de Froidour, Le Play, Cheysson, Demolins, Butel, Baudrillart, P. Bureau et d'autres tentèrent, de faire une sorte de synthèse hardie..., sans pouvoir être bien sûr de dire vrai pour l'ensemble, tout en ayant vu juste dans les détails.

Presque séquestré du monde, dont les attirances se résument pour lui dans la rapide vision d'une fête thermale cosmopolite, ou mieux dans les heurts et les fracas d'une foire régionale; exploitant un sol qui est à tous plus qu'à lui, que balayent sans trève les vents, que menacent torrents et avalanches; où la tyrannie du troupeau ne le cède guère à celle des éléments; où pendant de longs mois d'hivernage il demeure terré sous la neige, en vie promiscue et à bénéfice mutuel de chaleur avec le troupeau entassé, qui souvent beugle et bêle la faim; comment le montagnard perpétuellement en lutte avec tout et avec tous, trouvera-t-il le temps et le moyen de faire œuvre culturale, opportune et utile, de ne pas être un maladroit ami pour le sol? Il y mène une vie anxieuse et hâtive, celle des plantes nivales qui se reprennent à maintes fois sans être jamais rebutées, pour parachever leur cycle fertilisateur et protecteur du sol montagneux. Quel prolétaire de nos usines citadines subirait une pareille relégation? Comment cette existence exceptionnellement confinée, qui ne s'extériorise pour ainsi dire jamais, n'exagérerait-elle pas l'invidualisme naturel du paysan dont le labeur croît en raison de la pauvreté du sol, elle-

(1) P. Bauby, *Le reboisement et les conditions économiques en montagne*, Bordeaux, Féret, 1907. — *Enquête sur les conditions d'habitations en France. Les maisons-types.* Introduction par M. A. de Foville. Publications du Ministère de l'instruction publique. Paris, 1894.

même fonction de son altitude? Ce n'est que très exceptionnellement qu'il pourra utiliser un machinisme rudimentaire. C'est à ses bras et à sa rustique ingéniosité qu'il doit recourir pour travailler un sol où sa famille et lui font souvent l'office de bêtes de somme.

En fait, sauf des exceptions rares, localisées et, par suite, bien connues, toutes les fois que l'action publique dut s'exercer en montagne pour réprimer des abus de jouissance sur le sol commun, elle s'est heurtée à la muraille pastorale gardée tant par le berger-électeur que par ceux auxquels il avait imposé le mandat de faire valoir ses prétendus droits. «Nous votons pour ceux qui sont avec les chèvres», dit le montagnard. Ceux-là, qu'ils soient de souche pastorale, ou de la plaine périodiquement inondée et ravagée, ou bien encore d'origine très lointaine, étrangère au milieu montagnard qui en a fait la découverte ou la restauration politique, ne sauraient hésiter à remplir leur mandat : c'est encore plus aujourd'hui que jadis leur «intérêt personnel et immédiat». Cette «providence» nouvellement élue ne peut ignorer qu'une saute d'humeur montagnarde aura vite fait de la porter du Capitole à la roche Tarpéienne. Le caractère batailleur et processif, le tempérament dissimulé et vindicatif, les allures individualistes que le montagnard tient de la rudesse du milieu admettent rarement des transactions avec ce qu'il croit être lui aussi «son intérêt personnel et immédiat»[1].

Sur les sols ravinés, on fera réduire aux limites actuellement visibles du mal, aux berges vives des ravins et torrents, les travaux jadis estimés indispensables sur de larges emprises protectrices; on sollicitera la plus extrême prudence dans l'application de remèdes qui, pour être utiles, doivent être employés à dose massive; on organisera, comme cela s'est vu dans les Pyrénées, de véritables coalitions obstructrices. Ailleurs, pour ne pas gêner ni effaroucher l'électeur, on utilisera les crédits en travaux intensifs, ruineux et parfois injustifiables.

En 1900, une initiative prévoyante dépose un projet de loi très adapté à la défense des landes et forêts contre l'incendie volontaire. Ce projet est pendant de longs mois mis en observation au sein des commissions parlementaires. Il finit par aboutir à une «simple petite disposition alambiquée», sans portée utile. Le Gouverne-

[1] H. D., *Les déboisements pyrénéens*. Bull. Tour. Club de Fr., février 1907, p. 55.

ment n'avait même pas essayé de défendre le projet qu'il avait présenté !

En 1905, après les désastreuses inondations pyrénéennes et sous-pyrénéennes de 1875 et 1897, on projette de reviser le Code forestier, mais.... «dans un sens libéral, *pour permettre l'exercice du droit de pâturage dans les forêts communales !*... tout en veillant à la conservation des massifs», veut-on bien ajouter.....

Que devient alors le «contrôle parlementaire» tant vanté dans les sociétés démocratisées (E. Vandervelde)? A tous les degrés, chacun se dérobe à sa responsabilité propre. On a cité jadis les noms d'administrateurs énergiques et prévoyants, qui surent efficacement protéger le domaine sylvo-pastoral, dans bien des régions montagneuses : mais alors on ne parlait pas de suffrage universel ! Les administrateurs actuels sont vraiment trop occupés par le jeu électoral pour s'intéresser encore à l'économie sylvo-pastorale [1] : ils laissent ce soin à d'autres plus habiles sans doute, qui y trouvent «un intérêt présent et prochain» [2].

Combien il serait plus opportun de chercher à imposer aux milieux montagnards qui sont le petit nombre, par rapport à l'ensemble du pays, la nécessité absolue d'harmoniser la jouissance de leur sol avec la masse des intérêts que garantit au loin son intégrité [3] ? Jamais encore, il est vrai, les élus des inondés, sinistrés, ensablés, asséchés ou pulvérisés par le dérèglement des eaux montagneuses, n'ont cherché à prendre dans le «contrôle parlementaire» la part qui leur revient pour couper court à la distribution des mannes pastorales et autres, avec lesquelles l'État-Providence se gare aujourd'hui de la fureur des houlettes abusées [4].

[1] «Eh bien! voilà cette forêt de Mate qui aurait dû être soumise au Régime Forestier, on ne l'a pas voulu. C'est une violation de la loi. Tout au moins, devrait-on s'opposer à son aliénation. On ne l'a pas fait, le Préfet a trahi son devoir d'Administrateur». (P. Baudin, *La lutte pour la forêt*, *Le Journal*, 14 juin 1907).

[2] H. D., *Les déboisements pyrénéens*, Bull. T. C. F., 1907. — E. Briot, Nouvelles études sur l'Économie alpestre, 1907, p. 307.

[3] «Il y a une solidarité entre tous les riverains d'un cours d'eau, et elle ne se limite pas aux cantons où la fantaisie de nos aïeux a changé le nom des rivières, elle va du point le plus haut au point le plus bas, sans aucune exception». C[t] Audebrand (*La Houille blanche et la question sylvo-pastorale*, La Houille blanche, décembre, 1907.)

[4] *Officiel* du 27 décembre 1907. *Débats*. Sénat, p. 1332.

On s'étonne aujourd'hui que l'étranger à court de bois et ménager de ses

Montagne et montagnard sont naturellement adaptés l'un à l'autre. La chaîne vivante qui les rend solidaires est le troupeau : c'est l'ancre puissante qui stabilise le berger, nomade par atavisme, comme ses bêtes. Il y a longtemps que celles-ci, avisées par leur instinct, auraient déserté nos hautes pelouses et nos alpages désertisés, si elles n'étaient mues par le pâtre, comme aux temps bibliques. Le bulletin de vote a mis dans la main de celui de nos jours l'instrument par excellence de la ruine du sol, la clef de l'expatriation; à qui la faute? Certainement pas toute au berger. C'est à lui que le pays a délégué l'empire de nos montagnes, en proclamant jadis la «loi» du nombre, loi de l'État, loi impeccable, infaillible, l'arbitre souverain de la destinée des peuples. (H. de Varigny.)

La situation de nos Alpes, où la dépopulation nationale croissante laisse le champ libre à l'invasion pacifique étrangère, doit nous préoccuper, sinon nous inquiéter encore. Il serait sans doute bien tard d'y penser à l'ouverture d'une période de tension politique.

Nos montagnes peuvent être d'inépuisables gisements de bras robustes, auxquels nos campagnes hallucinées, nos cités «mangeuses d'hommes», nos cultures de plaines entravées, recourront sans cesse. Gardons jalousement nos montagnards du mirage de l'émigration, même dans nos colonies; nous ne les remplacerons pas. Ingénions-nous à trouver une formule, en même temps ferme, généreuse et prudente, qui oblige ces montagnards à ménager le sol où leurs ancêtres ont vécu et dont leurs enfants pourraient être dépouillés. «C'est en défendant la terre qu'on défendra les travailleurs de la terre[1]». C'est en défendant le sol monta-

ressources forestières puisse venir impunément déboiser les forêts de nos plaines. Mais, il est telle vallée pyrénéenne, une des plus torrentielles de la chaîne, dans le bassin de la Garonne, où depuis des années, des *Associations de bergers*, dites «Syndicats forestiers», déboisent le sol sans jamais avoir été inquiétées, pour y installer leurs troupeaux. Comme leurs émules internationaux, ils réservent 50 baliveaux à l'hectare! «pour ne pas, spécifie l'acte social, encourir de la part de l'Administration, le reproche d'exploitation abusive» ! On n'est pas plus ironique. (L. A. Fabre, *Les incendies pastoraux et les Associations dites forestières dans les Pyrénées centrales.* C R, 3e Cong. Sud-Ouest-Navigable, Narbonne, 1904. Toulouse, Privat, 1905, p. 249.)

(1) G. Hanotaux, *La défense de la terre*, *Le Journal* du 28 janvier 1908. — «Et l'histoire nous montre aussi un afflux continuel de populations coulant de la montagne rude et pauvre, vers la plaine pour lui infuser une nouvelle vie, et remplacer tout ce que l'excès de civilisation, dans nos grandes villes de la côte, ne tardera pas à dévorer. La montagne, il est vrai, renvoie chaque hiver à la

gneux, même contre le montagnard, qu'on entravera leur exode, à tous deux.

II

ÉMIGRATION. — DÉNUDATION.

Il y a accord sensiblement parfait aujourd'hui, pour s'opposer au mouvement rurifuge qui dépeuple les campagnes et congestionne les grandes villes. Il n'en est pas de même pour l'émigration à l'étranger qui, au moins en France, fournit à l'exode rural, un important contingent : il semblerait même que nous devrions regretter le coefficient relativement restreint de nos émigrants, comparé à celui d'autres nations.

I. Nous résumerons brièvement les statistiques et quelques opinions des principaux auteurs qui ont spécialement étudié l'émigration française, hors de la métropole[1].

Tout d'abord, si d'après Cézanne, nous répartissons nos départements en trois groupes, échelonnés suivant l'altitude (Tableau I), nous constaterons pour la dernière période de dénombrement (1901-1906), que nos 26 départements montagneux ont subi une dépopulation considérable. Pour certains, le déficit est atténué, par-

plaine les troupeaux qui lui en sont venus; tandis que la plaine ne rend guère à la montagne les forces humaines qu'elle en reçoit.» (P. Vidal de la Blache, *Tableau de la géographie de la France*, p. 274).

[1] Auteurs consultés : Ardouin-Dumazet, *Voyages en France*, divers. — P. Arnaud, *L'émigration française et le commerce français au Mexique*, 1902. — H. Baudrillart, *Les populations agricoles de la France*, III, 1893. — Chabraud, *Les Barcelonnettes au Mexique*. — A. Béchaux, *La question vitale, la population*. Le Correspondant, mai 1908. — E. Cheysson, *Invasion de la misère provinciale à Paris*, 1904. — R. Doucet, *Doit-on aller aux colonies ?* 1907. — R. Gonnard, *La dépopulation en France*, 1898. — R. Gonnard, *L'émigration européenne au XIXe siècle*, 1906. — R. Gonnard, *L'émigration française*, Quest. diplom. et colon., 1er août 1907. — Lair (M.), *Les ouvriers étrangers dans l'agriculture française*, 1907. — Lesca (J.-H.), *Basques et Béarnais dans l'Argentine et l'Uruguay*, 1907. — Lorin (H.), *La colonisation officielle en Algérie*, 1906. — V. Turquan, *La population française*, 1895. — V. Turquan, *Les courants de la migration intérieure en France*, 1895. — V. Turquan, *Contribution à l'étude de la population et de la dépopulation*, 1902, etc.

L'Économiste français. Articles de MM. V. Turquan, P. Leroy-Beaulieu, etc. des : 26 janvier 1891; 7 mars 1891; 4 mars 1893; 23 mars 1901, etc.

Revue des Deux Mondes, articles de MM. de Folleville, Reclus, Paul-Leroy Beaulieu, etc.

fois marqué par une surpopulation urbaine. (L'agglomération de Nice a reçu 29,000 habitants sur les 40,000 dont s'est accru le département des Alpes-Maritimes.)

TABLEAU I.

TERRITOIRES.	POPULATION		DIFFÉRENCE	
	EN 1906.	EN 1901.	EN PLUS.	EN MOINS.
	habitants.	habitants.		
Zone des plaines littorales.	10,952,106	10,801,778	170,931 (3)	20,598 (6)
16 départ^ts (1), 21 p. 100 du territ. métropolitain.	....	....	gain : 150,333	
Zone des plaines intérieures, coteaux et montagnes boisées (Jura, Vosges, etc.)	18,143,209	17,943,494	298,442 (4)	98,727 (7)
41 départ^ts, 47 p. 100 du territoire..........	....	....	gain : 203,094	
Zone montagneuse torrentielle (2)..........	10,156,952	10,216,678	46,865 (5)	106,591 (8)
31 départ^ts, 31 p. 100 du territoire..........	....	....	perte : 290,322	
Ensemble du territoire métropolitain........	39,252,267	38,961,945	516,238	225,916
	Gain en 5 ans :		290,322	

(1) Nord, Pas-de-Calais, Somme, Seine-Inférieure, Eure, Calvados, Manche, Côtes-du-Nord, Finistère, Morbihan, Loire-Inférieure, Vendée, Charente-Inférieure, Gironde, Landes, Bouches-du-Rhône.
(2) Voir tableau V ci-après.
(3) 12 départements.
(4) 15 départements : Ardennes, Meurthe-et-Moselle, Vosges, etc.
(5) 5 départements : Alpes-Maritimes (Nice 40.794), Gard, Haute-Loire, Pyrénées-Orientales, Haute-Vienne.
(6) 4 départements : Calvados, Eure, Manche, Somme.
(7) 25 départements.
(8) 26 départements.

En 1896 (R. Gonnard), 24 départements seuls s'accroissent, 63 sont en perte : 5 ont perdu plus de 13,000 âmes en 5 ans, la Haute-Garonne est du nombre. La dépopulation est surtout accentuée dans le Sud-Ouest : l'arrondissement d'Agen perd 23 p. 100 depuis 1826. A côté de quelques villes qui se repeuplent, la région lozérienne se désertise, la région vosgienne au contraire progresse.

Depuis 50 ans, la population de nos départements pyrénéens du Sud-Ouest diminue constamment et a perdu 10 p. 100[1].

De 1820 à 1897, la population des Hautes-Pyrénées avait passé (Tableau III) de 211,977 habitants à 218,973 habitants, gagnant 6,996 habitants. Mais à part les centres thermaux (Bagnères-de-Bigorre, Cauterets, Luz), religieux (Lourdes) ou militaire (Tarbes) qui sont en progression, tout le reste du pays est en voie de dépopulation, surtout dans la haute montagne (Tableau IV).

Tableau II.

Pyrénées du Sud-Ouest. — Mouvement de la population.

Années.	Ariège.	Haute-Garonne.	Basses-Pyrénées.	Hautes-Pyrénées.
1851	267,435	481,618	446,997	250,934
1856	251,318	481,247	436,442	245,856
1861	251,850	484,081	436,628	240,179
1866	250,436	493,777	435,486	240,252
1872	246,298	479,362	426,700	235,156
1876	244,795	477,730	431,525	238,037
1886	237,619	481,169	432,999	234,825
1896	219,641	459,377	423,572	218,973
1901	210,527	448,481	426,347	215,546

Dans les Alpes de Provence, le département des Basses-Alpes qui avait 153,873 habitants en 1870, tombe à 118,142 habitants en 1900, perdant 1,100 habitants par an.

En 50 ans, la seule vallée de Barcelonnette perd 28 p. 100 de sa population (Arnaud). Dans 50 ans, ce sera une enclave italienne en territoire français.

On pourrait multiplier ces constatations qui établissent la marche progressive de la dépopulation dans la plupart des régions montagneuses, à l'exception des Vosges, comme nous l'avons vu.

(1) Voir : P. Descombes, *L'aménagement des montagnes dans les Pyrénées*, 1905. Tableaux, p. 8 et 9.

Tableau III.

DÉPARTEMENT DES HAUTES-PYRÉNÉES. — MOUVEMENT DE LA POPULATION DE 1820 À 1906.

CANTONS.	POPULATION	
	EN 1820.	EN 1897.
Basses vallées et plateaux (2/6e).		
Castelnau-Magnoac	10,332	9,346
Castelnau-Rivière-Basse	4,797	3,707
Galan	4,662	4,423
Lannemezan	8,696	9,404
Maubourguet	7,761	7,104
Ossun	12,613	10,065
Rabastens	8,267	6,284
Pouyastruc	6,078	5,136
Vic-Bigorre	8,620	7,868
Totaux	71,826	63,337
Plateaux et coteaux montagneux (1/6e).		
La Barthe-de-Neste	8,670	8,086
Lourdes	12,248	16,204
Saint-Laurent-de-Neste	9,876	9,264
Saint-Pé	3,843	3,203
Tarbes	24,449	41,901
Tournay	9,568	8,854
Trie	8,529	8,144
Totaux	77,183	95,656
Haute montagne (3/6e).		
Argelès	9,200	10,139
Arreau	7,620	5,101
Aucun	6,451	5,026
Bagnères-de-Bigorre	15,077	16,542
Bordères-Louron	2,836	2,736
Campan	6,482	5,144
Luz	5,126	5,643
Mauléon-Barousse	7,013	6,605
Vielle-Aure	3,213	3,044
Totaux	62,968	59,980

BALANCE.

Pop. en 1897	218,973 hab.	Pop. en 1901	215,546 hab.
1820	211,977	1906	209,397
Gain en 77 ans.	6,996 [1]	Perte en 5 ans.	6,149 [2]

[1] Voir le texte. — [2] Soit 2,8 p. 100.

TABLEAU IV.

COMMUNES SITUÉES EN HAUTES MONTAGNES. — MOUVEMENT DE LA POPULATION.

DÉPARTEMENTS.	COMMUNES.	SUPERFICIE TOTALE des COMMUNES.	POPULATION.	
			ANNÉES.	HABITANTS.
		hectares.		
	Région des Pyrénées.			
Ariège	Aston	15,380	1851	609
			1861	503
			1871	517
			1872	502
			1876	464
			1881	422
			1891	414
			1906	315
	Auzats	14,964	1876	1,330
			1886	1,261
			1896	1,064
			1906	1,049
Haute-Garonne	Melles	4,574	1861	1,809
			1871	1,036
			1881	764
			1901	804
	Oo	3,260	1861	368
			1871	333
			1881	318
			1891	314
			1901	207
Hautes-Pyrénées	Luz	12,362	1826	2,110
			1897	1,504
	Guchan	259	1826	334
			1897	292
	Mauléon-Barousse	550	1826	693
			1897	596

DÉPARTEMENTS.	COMMUNES.	SUPERFICIE TOTALE des COMMUNES.	POPULATION	
			ANNÉES.	HABITANTS.
		hectares.		
	Région des Pyrénées. (Suite.)			
Hautes-Pyrénées... (*Suite.*)	Vieille-Louron....	289	1826	142
			1897	119
	Campan.........	9,535	1826	4,339
			1897	2,744
	Région des Alpes.			
Basses-Alpes......	Blégiers.........	6,817	1870	450
			1900	296
	Prads...........	6,824	1870	473
			1900	329
	Seyne...........	8,307	1870	2,511
			1900	1,713
Alpes-Maritimes...	Beuil...........	7,564	1866	580
			1876	568
			1886	623
			1896	641
			1906	597
	Saint-Dalmas-en-Selvage.	7,577	1866	505
			1876	461
			1886	310
			1896	270
			1906	242
	Saorge..........	7,005	1866	1,756
			1872	1,692
			1876	1,672
			1886	1,521
			1896	1,319
			1906	1,074
	Sospel..........	6,239	1866	3,936
			1876	3,563
			1886	3,695
			1896	3,000
			1906	3,540

Dans quelle mesure l'émigration à l'étranger contribue-t-elle à la dépopulation? Il importe de constater d'abord qu'il y a tendance générale à encourager, et particulièrement en France, cette émigration. «Il faut, disent les économistes, se féliciter que les peuples latins prennent part à l'émigration (P. Leroy-Beaulieu).» L'État français en quête de colons pourrait avoir raison de dériver le courant de l'émigration vers nos colonies[1], mais comme il recourt de plus en plus aux bras des étrangers[2], surtout pour la restauration des montagnes, dont les chantiers, faute de nationaux, sont formés en grande partie d'étrangers, il semble qu'il vaudrait mieux conserver chez nous nos montagnards que d'en faire au loin des colons. «Tout ce qui est fait pour attirer les Français aux colonies contribuera, dit-on, à la repopulation de la France (R. Gonnard)» la «dyingnation», la nation qui se meurt, affirment les statisticiens frappés de l'accroissement de natalité que développa jadis la transplantation de la race française sur des terres lointaines.

De 1865 à 1900, le chiffre moyen de nos émigrants a augmenté de 8 à 13,000 par an. Depuis 1900, il atteint 15,000. La France n'arrive d'ailleurs qu'au dernier rang dans le courant de l'émigration contemporaine : «l'émigration latine est noyée dans le flot germain et anglo-saxon». Sur 1,000 Français, l'émigration recrute : 5 à 6 p. 100 en Franche-Comté et Lorraine; 7 p. 100 dans les Savoies et l'Ariège; 11 p. 100 dans les Pyrénées-Orientales; 37 p. 100 en Lozère, etc. Le courant s'oriente surtout vers l'Amérique.

Dans la vallée d'Ossau[3] (Basses-Pyrénées), depuis 30 ans, le sixième de la population d'Asté-Béon s'est fixé à la Plata. Tous les hameaux comptent des «Américains» : à Bilhères (417 h.), 50 habitants ont émigré depuis 25 ans; à Louvre-Tuzon (1,679 h.), 118 habitants ont émigré en 1888, 100 en 1889; à Larmes (2,242 h.), 200 habitants sont partis en 8 ans. Les uns vont aux États-Unis, en Californie, le plus grand nombre va continuer l'industrie pastorale dans les pampas de l'Argentine. De 1840 à 1872, les Basses-Pyrénées ont de ce fait perdu 64,000 habitants : «Nombreux sont les Basques et Béarnais revenus au pays, mais plus nombreux encore sont ceux qui se sont fixés définitivement dans leur pays d'adoption.» (Lesca.)

[1] Circulaire de M. J.mais, sous-secrétaire d'État aux Colonies, *in* Turquan, *Économiste français*, 4 mars 1893.

[2] J. Méline, *Le Retour à la terre*, p. 270.

[3] F. Butel, *Une vallée pyrénéenne*. La vallée d'Ossau.

Dans la vallée de Barcelonnette, on compte que depuis le grand exode de 1848, 100 hommes en moyenne partent annuellement pour les hauts plateaux mexicains, enlevant à la vallée une valeur marchande de 600,000 francs (Arnaud). Au début, les hommes valides partaient seuls; maintenant l'exode est général, il comprend même des femmes. De 1851 à 1901, la population de la vallée a passé de 17,585 à 12,538, perdant 100 âmes par an. On peut prévoir le moment où cette région sera complètement inhabitée. Le seul gain est formé par l'immigration des Piémontais[1]. C'est l'Italie qui bénéficie le plus des travaux considérables que le service du Reboisement exécute dans cette vallée depuis 40 ans.

«La courant est acquis sur certains points de la France, il ne s'agit donc que de l'étendre aux départements du Massif central et des Pyrénées hautes et basses, dans lesquelles se recrutent le plus d'émigrants ordinaires (V. Turquan).

«Toute la vallée de la Garonne et de ses affluents est aujourd'hui très misérable, pense M. P. Leroy-Beaulieu, et l'on émigre beaucoup pour La Plata»... «si renonçant en Algérie, à toutes les chimères inhumaines d'expropriation des biens des Arabes...; si l'on faisait une propagande énergique dans les départements d'émigration notamment dans ceux de la Garonne et de ses affluents... il n'est pas impossible qu'on parvienne à attirer en Algérie 30 à 40,000 Français, généralement ruraux, qui recourent à l'émigration[2].»

Sommes-nous toujours fondés à penser que le «pays du mouton» manque à ce point de bergers kabyles, arabes au maugrébins, que nous soyons obligés de lui en recruter dans nos Alpes? Ce racolage administratif satisfait-il, comme on voudrait le faire croire, «à la fois les intérêts alpins et ceux de la France colonisatrice, ceux de la petite et de la grande patrie»? (E. Briot)[3].

Est-on bien sûr que le prestige d'une forte proportion dans la statistique de l'émigration européenne, le mirage d'une gloire que nous ne sommes plus assez riches pour conquérir, l'aléa très pro-

(1) J. Levainville, *La vallée de Barcelonnette*. — Annales de Géographie, 1907, p. 223.

(2) *Journal des Débats*, 26 janvier 1891.

(3) «Il n'y a plus d'objections sérieuses à faire à l'importation, qui sera demain nécessaire, de la main-d'œuvre africaine en France,» de Peyerimhoff. — *Les forces nouvelles en formation dans l'Afrique du Nord.* Rev. polit. et parlem. 10 août 1908.

blématique du retour au foyer de la famille-souche et autres théories... consolatrices, compensent la perte de force vive immédiate que nous vaut cet incessant drainage? A Barcelonnette, à Jausiers, ont surgi de séduisants chalets, de coquettes et confortables villas : ce luxe ne pare pas la vallée, il détonne au milieu de mornes chaos de pierrailles. Les «Mexicains» qui s'y sont réimplantés, après fortune faite, y ont apporté de l'or, des conceptions mercantiles, voire électorales, ce qui est pis dans ce milieu vénal et miséreux; de nouveaux stimulants aux spéculations pastorales qui ruinèrent le pays. A quoi bon un pareil Retour à la Terre?

On a constaté qu'en plaine, «ceux qui reviennent ainsi à la campagne deviennent en grande partie des nomades» (R. Gonnard), des chemineaux en herbe!

Avant de songer à tant parer une façade, il conviendrait d'examiner si les bases de l'édifice sont bien assurées. La prospérité culturale et économique de nos plaines est, comme nous l'avons vu, étroitement solidaire de la prospérité du sol montagneux : c'est bien en amont de nos vallées que s'implantent les fondements de notre édifice cultural : le travail de nos montagnards lui oppose un contingent indispensable, que nul autre ne saurait remplacer.

Or, si à l'origine de la dépopulation montagneuse, on peut apprécier l'importance relative des causes physiologiques, morales, sociales et autres[1] que la civilisation fait agir partout pour atrophier, sinon à suicider la race (Th. Roosevelt); on ne saurait méconnaître les influences qui agissent à la longue et physiquement sur la fertilité, sur la vie du sol, et qui ont nécessairement une place importante dans cette évolution. Partout où passèrent le berger, celui de la Bible, celui des pastorales et des églogues, le cultivateur impulsif et nomade des temps patriarcaux, héroïques ou virgiliens, tous semèrent le sable, le sel, l'aridité et la mort sur le sol. Nul ne viendra jamais réimplanter sa vie sur une terre morte. Depuis longtemps on a signalé l'état de «misère physiologique» de certaines terres du Sud-Ouest : cet état n'a-t-il donc aucune influence sur l'expatriation contemporaine de nos Cadets de Gascogne?

[1] Voir spécialement : R. Gonnard, *La dépopulation en France*, p. 52, etc. et : V. Turquan, *Contribution à l'étude de la population et de la dépopulation*, p. 153, etc.

Ce n'est pas entre les murs d'une usine, qu'iront se parquer ces jeunes déracinés au regard vif et net, à l'allure fine, souple et robuste; ils vont boire l'air et le vent, au soleil des pampas et du Far-West; vivre parmi les gauchos ou les cow-boys. L'esprit d'indépendance, la fierté native qui les pousse, jeunes et ardents, à se soustraire aux vies trop enrégimentées, particulièrement au service militaire, doit faire regretter profondément leur coupable et irrémédiable exode.

Sans doute, le courant d'expatriation suivant lequel la race gasconne n'est que trop orientée à notre avis ne date pas d'hier. L'esprit d'aventure est endémique sur cette terre toujours aux prises avec la mer, les vents, les gaves. Jadis, de hardis équipages armaient des barques de pêche dans les «boucaux» échelonnés de Saint-Jean-de-Luz à la pointe de Graves. Les baleines qu'ils attaquaient les amenèrent sur les côtes canadiennes bien avant que Colomb, Vespuce et Cabot eussent découvert le Nouveau Monde. Un jour vint où l'incendie dont parle déjà Strabon et que troupeau et forges catalanes ravivaient chaque année dans les Pyrénées, y déchaîna tant de «torrents aux flots d'argent» que les vallées montagneuses se vidèrent drainées par la Garonne dans l'Océan. Leurs sables déjà «vomis par la mer» bien avant Montaigne, obstruèrent peu à peu boucaux, estuaires et ports, des pays basque et landais. Matelots et pêcheurs dépossédés, chaussèrent les échasses du berger ou s'expatrièrent au loin. Les voies étaient frayées: le Pyrénéen déraciné par les gaves les suivit. Nulle part, les faits hydrologiques et culturaux qui rendent solidaires dans le temps et dans l'espace deux prolétaires qui s'ignorent, le berger et le matelot, ne peuvent mieux s'expliquer qu'en Gascogne.

Enfin, il est une catégorie spéciale d'émigrants dont les démographes ne font pas état, ceux auxquels les gaves pyrénéens et les torrents alpins et autres ouvrent subitement les voies pour des traversées d'où nul ne revint jamais! C'est par centaines qu'on pourrait compter les engloutis en haute Gascogne depuis moins de 30 ans.

II. Les limons et autres matériaux fins expulsés annuellement par nos rivières torrentielles peuvent être évalués ainsi qu'il suit[1] :

	MÈTRES CUBES.
Gironde	25,000,000
Rhône	21,000,000
Var	12,000,000
Loire	10,000,000
Adour, Aude, Hérault, Vidourle, Gard, etc.	4,000,000
TOTAL ANNUEL	72,000,000

En un siècle, ce volume étalé uniformément sur les 53 millions d'hectares de notre territoire métropolitain, aurait une épaisseur de 14 millimètres. Ce chiffre ne peut être que schématique pour les raisons suivantes : 1° le volume des matériaux lourds, sables, graviers et galets entraînés par les rivières, est encore inapprécié et ne peut figurer aux évaluations ci-dessus, qu'il amplifie dans une forte proportion; 2° la masse des matériaux transportés disparaît et va s'étaler dans la mer; une faible partie seulement se dépose dans les hautes vallées, les lits, estuaires ou deltas fluviaux, ou réapparaît dans les dunes littorales. Mais il faut observer que le territoire montagneux français où se fait ce gigantesque travail d'érosion, couvre environ le dixième du territoire métropolitain : par suite l'entraînement des matériaux arrachés par les torrents aux thalwegs et aux versants des montagnes, représente en France un décapage superficiel de plus de *un décimètre par siècle*, chiffre qui prend alors une valeur relative et une importance économique considérable[2].

Cette mobilisation torrentielle du sol croît évidemment avec les progrès de la dénudation, mais dans des proportions qu'il est

[1] Auteurs consultés : GIRONDE, *Hautreux, Baumgarten, Harlé, de Planet, Bouquet de la Grye*. Voir : L.-A. FABRE, *L'érosion pyrénéenne et les alluvions de la Garonne*. Annales de Géographie, 1902. — ID., *Le sol de la Gascogne*. La Géographie, 1905. — RHÔNE : *Surrel*. — VAR : *H. Mangon*. — LOIRE : *H. Mangon, Bouquet de la Grye*. — ADOUR, VAR : Volume apprécié.

[2] Ce chiffre est de beaucoup supérieur à tous ceux cités par les géologues (Voir A. DE LAPPARENT, *Traité de Géologie*, 1905, I, p. 232, 233). Son élévation exceptionnelle prouve l'importance considérable de la dénudation en France. Comme confirmation, on verra, dans la suite de cette étude, la valeur formidable que les désastres torrentiels ont atteint en France, depuis 50 à 60 ans.

illusoire de rechercher. L'érosion n'est d'ailleurs pas un phénomène propre aux terres montagneuses, elle s'attaque aux sols les moins déclives, quand ils sont trop dénudés par la culture. D'ailleurs si le travail géologique d'érosion du sol est fatal, sa stabilisation physiologique par la végétation spontanée ne l'est pas moins. La vie triomphe ici de la matière par un harmonieux équilibre d'énergies, par un «mécanisme naturel» (A. de Lapparent). Toutefois, en montagne, cette vie du sol est des plus précaires et fréquemment interrompue par les influences humaines : aussi conçoit-on, avec E. Risler, que le père ne puisse assurer au fils la possession d'une terre vivifiée par un travail ancestral.

Nous pensons qu'il n'y a pas lieu de nous étendre ici sur le chapitre des «profits» tirés de l'érosion, sur l'inconscient pillage de ces épaves, «chair» des montagnes, atterries au loin dans les plaines, ou sur le littoral[1] : le simple bon sens, à défaut de calcul, doit faire justice de ce sophisme.

Les données culturales essentielles à l'étude de la dénudation peuvent être recueillies dans la statistique décennale de 1882-1892 publiée par le ministère de l'Agriculture en 1895.

Le tableau V met en valeur les progrès de la dénudation pendant les 10 années qui suivirent la promulgation de la loi du 4 avril 1882 sur la Restauration des Montagnes, période pendant laquelle, grâce à l'impulsion de P. Demontzey, l'œuvre acquit un élan d'activité et un prestige qu'elle ne devait plus retrouver dans la suite.

On voit aisément combien la dénudation fût active dans la région pyrénéenne et spécialement en haute Gascogne, foyer de l'expatriation. A ce double point de vue, les départements de la Haute-Garonne et du Gers sont à signaler d'une manière toute spéciale.

Le tableau VI, qui peut être utilement rapproché du tableau I, relatif à la dépopulation, fait nettement ressortir qu'à la fin de 1892 *l'aire boisée* de la France était en voie de régression manifeste surtout en montagne, malgré les dépenses faites depuis 1860, pour la restauration de ces montagnes. La zone où l'on reboise est celle des terres non ravinées, physiologiquement appauvries, et dépeuplées en même temps par l'exode rural. Il est inutile d'ajouter

(1) L.-A. Fabre, *La dénudation du sol au point de vue agricole, etc.*, Bordeaux, 1905.

Tableau V.

STATISTIQUE AGRICOLE DÉCENNALE DE 1882-1892.

DÉSIGNATION des TERRITOIRES.	SUPERFICIE			AMÉLIORATIONS FONCIÈRES.		
				DÉFRICHEMENTS		
	TOTALE du TERRITOIRE.	DES LANDES, vagues, pâtis, terres à bruyères.	DES BOIS et FORÊTS.	des LANDES et terres incultes.	des BOIS.	REBOISEMENTS, semis et plantations.
	hectares.	hectares.	hectares.	hectares.	hectares.	hectares.
Totalité du territoire métropolitain..............	52,857,199	3,898,530[8]	9,521,568	130,942	48,105	115,106
Territoire montagneux à influences torrentielles :						
Région des Alpes [1]......	3,742,890	423,059	870,261	2,361	996	7,506
Provence littorale, etc. [2].	994,415	98,217	351,829	1,672	846	1,464
Haut Languedoc, etc. [3]..	1,756,020	279,245	312,879	6,743	1,659	3,216
Rég. aquitanienne, etc. [4].	8,942,876	1,255,404	1,475,651	18,221	7,365	8,733
Région ligérienne [5].....	3,049,733	180,173	376,867	11,248	5,508	4,398
Totaux...........	18,485,934	2,236,098	3,387,487	30,245	16,374	25,317
Région de la chaîne pyrénéenne [6].............	2,745,797	451,671	576,502	4,402	1,641	1,428
Haute Gascogne :						
Gers.................	628,031	37,084	53,060	599	556	63
Haute-Garonne.........	628,988	19,198	89,833	424	825	90
Hautes-Pyrénées........	452,945	94,178	84,627	295	141	241
Totaux...........	1,709,964	150,460	227,520	1,318	1,512	394
Plateau de Millevaches, etc. [7].	1,695,097	261,990	202,236	16,387	2,520	5,623

(1) Basses-Alpes, Hautes-Alpes, Drôme, Isère, Savoie, Haute-Savoie.
(2) Var, Alpes-Maritimes.
(3) Ardèche, Gard, Hérault.
(4) Ariège, Aveyron, Aude, Cantal, Corrèze, Dordogne, Haute-Garonne, Gers, Lozère, Lot, Basses-Pyrénées, Hautes-Pyrénées, Pyrénées-Orientales, Tarn, Tarn-et-Garonne.
(5) Allier, Loire, Haute-Loire, Puy-de-Dôme, Haute-Vienne.
(6) Ariège, Haute-Garonne, Basses-Pyrénées, Hautes-Pyrénées, Pyrénées-Orientales.
(7) Corrèze, Creuse, Haute-Vienne.
(8) Rochers et incultes : 1,972,994 hect., non compris.

Tableau VI.

STATISTIQUE AGRICOLE DÉCENNALE DE 1882-1892.

TERRITOIRES[1].	SUPERFICIE			AMÉLIORATIONS FONCIÈRES.		
				DÉFRICHEMENTS		
	TOTALE du TERRITOIRE MÉTROPOLITAIN.	DES LANDES, vagues, pâtis, terres à bruyères	DES BOIS et FORÊTS.	des LANDES et terres incultes.	des BOIS.	REBOISEMENTS, semis et plantations.
	hectares.	hectares.	hectares.	hectares.	hectares.	hectares.
Zone de plaines littorales (16 départ.).....	10,686,530	906,933	1,604,587	39,541	9,885	20,520
Zone de plaines intérieures, de coteaux et montagnes boisés (41 départements).........	23,684,735	755,499	5,529,494	61,156	21,846	69,269
Zone montagneuse torrentielle (31 départ.)....	18,485,934	2,236,098	2,387,487	30,245	16,374	25,317
Ensemble du territoire métropolitain.........	52,857,199	3,898,530	9,521,568	130,942	48,105	115,106

Reboisements....	115,106 hect.	Landes et forêts défrichés........	179,047 hect.
Déboisements...	48,105	Reboisements....	115,106
Terrains reboisés.	67,001 hect.	Terrains dénudés.	63,941 hect.

[1] Voir Tableaux I et V.

que, parallèlement à la déforestation, mais à bien plus vive allure, a certainement marché la dénudation pastorale : à vrai dire, la statistique agricole qui n'a encore pris nul souci des questions sylvo-pastorales, ne permet pas de préciser cette affirmation par des données numériques, comme elle l'est pour les forêts; mais à défaut de chiffres, les faits torrentiels actuels et une multitude d'observations récentes ne peuvent laisser aucun doute.

C'est une situation économique et sociale des plus inquiétantes qui doit être envisagée froidement : les jeux de chiffres pas plus que les artifices oratoires ne sauraient y obvier.

La plaine de la Garonne, « cette belle, grande et riche plaine, je crois bien la première du monde », écrivait Michelet, que démographes et économistes s'accordent à signaler comme tout à fait privilégiée au point de vue de l'expatriation, mérite une étude physiographique spéciale. Nulle terre ne semble mieux s'y prêter que la terre gasconne.

« Ces Gascons font plus qu'ils ne disent », écrivait L. de Froidour à propos des ancêtres de nos émigrants contemporains. Comment ce labeur, qui ne s'est jamais rebuté, a-t-il pu conduire à l'expatriation les cadets d'une race exceptionnellement adaptée à son milieu et dure au travail? Comment expliquer ici cette dissociation violente du paysan laborieux et d'une terre qui serait suivant les uns très misérable » (P. Leroy-Beaulieu), « la plus riche du monde suivant d'autres?

La question a déjà été signalée, à l'occasion d'études spéciales[1].

Certes la Gascogne est plus fille des eaux que nulle autre terre. Avec les chaudes effluves de son soleil méridional, elle aurait toujours été une puissante nourrice pour ses enfants, si ces derniers n'en avaient fait à la longue une impitoyable marâtre en déchaînant ses eaux par un maladroit usage du sol. L'histoire des inondations de la Garonne, des centaines de vies humaines, des millions de francs qu'a engloutis ce fleuve Moloch n'est plus à faire. Comment s'étonner de l'exode que ces catastrophes périodiques déterminent dans une vallée riche et populeuse où, des cirques pyrénéens au phare de Cordouan, le sol entier vibre au rythme des bourrasques atlantiques? La même cause qui expulse aujourd'hui les navires du port de Bordeaux envasé influe, depuis longtemps, sur l'expatriation du paysan, expulsé par les eaux.

(1) L.-A. Fabre, *La lutte pour et contre l'eau.* Ier Congrès du Sud-Ouest navigable. Bordeaux, 1902. Compte rendu, p. 118. — Id., *La dénudation du sol montagneux au point de vue agricole et hygiénique.* IVe Congrès du Sud-Ouest navigable. Béziers, 1905. Compte rendu, p. 361. — Id., *Le sol de la Gascogne.* Étude couronnée par la Société de Géographie de Paris. *La Géographie.* Avril-mai-juin 1905. Tirage à part, p. 57. — Id., *Les dérivations à l'idée du reboisement des montagnes.* Ve Congrès du Sud-Ouest navigable. Bergerac, 1906. Compte rendu, page 439. — Id., *La protection du sol.* Revue bourguignonne de l'Université de Dijon, 1907. XVII, n° 1. Tirage à part : br. in-8° 98 p., page 41. — Id., *La restauration des montagnes et la navigation intérieure en France*, Rapport présenté au Ier Congrès national de navigation intérieure en France. Bordeaux, 1907. Tirage à part : br. gr. in-8°, 119 p., p. 93, etc.

Si de la vallée, nous gravissons les plateaux argileux qui s'élèvent progressivement jusqu'aux Pyrénées, nous les voyons sillonnés par des rivières torrentielles «dont les apports limoneux sont permanents», quand elles ne sont pas à sec et «au bord desquelles l'homme ne s'établit que timidement.» (Vidal de la Blache.) C'est le pays classique de la lutte pour et contre l'eau[1] : maintes fois le Parlement a été saisi de cette dernière, quand les torrents se sont déchaînés ou que la sécheresse et la décrépitude du sol ont mis à mal le cultivateur en Armagnac, Lomagne, Nébouzan et autres pays sous-pyrénéens. Si nous remontons toujours le cours des gaves, nous atteignons la partie basse des Hautes-Pyrénées : région des cultures où apparaît la lande, d'abord sporadique, puis peu à peu agglomérée sur des millions d'hectares, en amont de Lannemezan. Bien curieuse cette bourgade, repaire d'escarpes et de sorciers au temps de Froissart[2], aujourd'hui obstinée gardienne d'un des plus grands domaines de landes nues que nous ayons en France. A certains égards, elle peut être «un de ces marchés agricoles et centres de transactions où se débattent, à l'aide des hommes de loi qui pullulent, les intérêts ou griefs d'alentour» (Vidal de la Blache). Mais elle est devenue une sorte de tribune aux harangues d'où les voix, canalisées au Nord par l'irradiation des vallées d'Armagnac, et au Sud par la trouée de la vallée d'Aure, vont porter dans toute la France sous-pyrénéenne et pyrénéenne. C'est un lieu privilégié d'investiture dans le Sud-Ouest en même temps qu'un terrain d'anachronisme cultural. On y a fait et parlé de tout : multiplié les pompeux discours, les études savantes, les conceptions hardies; prodigué la culture intellectuelle; tenté mille fois de désensorceler les landes et leurs habitants! Par fanfaronnade gasconne et pour se singulariser encore, cette région culminante des plateaux de la Garonne qui se dépeuplent et contribuent tant à l'émigration, accroît sa population. La véritable raison est que, par suite de sa situation élevée, à l'origine même des mançanarès qui vont se déchaîner sur les vallées basses, la région de Lannemezan est à l'abri des inondations : on vient s'y échouer. La population de Lannemezan est d'ailleurs bien plus commerçante qu'agricole.

(1) L.-A. Fabre, *Landes et forêts sous les plateaux sous-pyrénéens*, suite d'études parues dans le *Bulletin de la Société Ramond à Bagnères-de-Bigorre*, 1900-1901.

(2) P. de Casteran, *La lande du Bouc*, 1899.

Nous avons vu précédemment que la dépopulation sévit surtout dans la partie montagneuse des Hautes-Pyrénées. C'est aussi dans les hautes vallées du Gave, du Bastan, de l'Adour, de la Treste, de l'Ourse et de la Pique que se multiplient toutes les tragédies hydrauliques. Chacun les connaît aujourd'hui, et l'on y verra certainement une des causes principales de l'exode montagneuse dans les Pyrénées centrales. Les documents statistiques et les observations physiographiques concordent donc pour signaler la Haute-Gascogne (Gers, Hautes-Pyrénées et Haute-Garonne) comme un foyer d'émigration double et corrélative, celle du sol et celle de l'habitant. L'influence de la dénudation sur le double exode ne saurait être contestée.

On trouverait la même relation dans la haute région ligérienne.

Quant aux Alpes, nous nous bornons à citer quelques «leçons de choses» qui tendent à y devenir des lieux communs aujourd'hui.

Le 28 octobre 1888, presque au lendemain de la promulgation de la loi actuelle sur la Restauration des Montagnes qui a posé le principe de «l'expropriation» par l'État, de la «nationalisation» du sol» torrentialisé, les habitants de la commune de Chaudun (Hautes-Alpes) adressèrent au Ministre de l'agriculture une pétition pour le prier de déclarer d'utilité publique, en vue de le faire acquérir par l'État, le territoire total de leur commune, arrivé par le fait de la dénudation et du ravinement à un état d'infertilité tel, qu'il ne pouvait plus produire les ressources nécessaires à l'existence des habitants : «La population parvenue au dernier degré de la misère, grattait et fatiguait en vain son sol, épuisé, tari, où elle promenait des troupeaux faméliques.» (Chaplain.)

«Que fut Chaudun lors de ses origines, se demande-t-on? Nous ne le savons, mais on doit croire que ses fondateurs ne le plaquèrent pas contre la roche vive, sans un arbre, sans un brin d'herbe, sans un bout de champ, sans un liséré de prairie et qu'ils ne choisirent pas pour lieu de leur séjour, une «casse» inhabitable. En tout cas, ce que nous n'ignorons point, c'est ce qu'il était devenu en l'an de grâce 1892 : une pierraille, une rocaille, une Sibérie d'hiver, un Sahara d'été, un néant moins les 64 hectares de la forêt de la Plaine, qui est le reste chétif des sylves d'antan. «Nulle part on n'aurait trouvé de ruines de la nature plus éloquentes pour témoigner de la malfaisance de l'homme; toute cette vie, le Petit-Buech, déchu de la sagesse et de la générosité d'autrefois, n'était plus la rivière qui égaye, mais le torrent qui consterne par sa fureur, le traître, la canaille, le malfaiteur, le bourreau... » (Onésime Reclus, *Bull. T. C. F.*, 1905, p. 250.)

En 1891 le vérificateur des reboisements, M. P. Demontzey, visita les terrains offerts et décida, conformément à l'avis du service local, de donner suite aux propositions des habitants de Chaudun. Ceux-ci, espérant une prompte solution, abandonnèrent immédiatement leurs travaux agricoles et cherchèrent à émigrer; ils avaient compté sans la lenteur d'un formalisme pour lequel la disparition d'une commune créait un cas bureaucratique et électoral nouveau, intéressant à disséquer. On fit attendre plusieurs années, à ces malheureux îlotes, victimes de l'imprévoyance de la loi, une libération qui leur permît de fuir la métropole... pour aller sans doute créer d'autres terres mortes en Algérie!

Vers la même époque, les habitants de la commune de Châtillon-le-Désert (Hautes-Alpes), édifiée sur les ruines de l'Abbaye de Notre-Dame de la Misère, sollicitaient «comme une faveur ou comme une charité», l'acquisition par le Service du Reboisement d'une partie de leurs terrains absolument désertisés! Les matériaux que les eaux torrentielles y entraînaient, après avoir alluvionné les routes et habitations inférieures, exhaussaient et déviaient le lit torrentiel du Buech, menaçant la route nationale et la voie ferrée de Briançon qu'aucun travail de défense ne paraissait capable de protéger utilement. Les habitants de Châtillon n'avaient plus d'autres ressources que leurs moutons : l'augmentation des troupeaux n'avait eu d'autre résultat que de précipiter la ruine des pelouses pastorales. Vaincus par la misère croissante, ces déshérités, après s'être réfugiés dans le presbytère, l'église et la maison commune, implorèrent l'État pour pouvoir vivre et coloniser au loin!

A Chaudun et à Châtillon, les acquisitions furent consenties au prix moyen de 100 francs l'hectare.

Le 4 juin 1905, les habitants de la commune de Mariaud (Basses-Alpes), résolus à quitter leur territoire dévasté par les torrents, demandèrent des terres au Gouverneur général de l'Algérie. Par délibération des 9 et 30 juillet 1905, le Conseil municipal offrait à l'État la cession amiable du territoire de la commune, savoir :

Arides, rocheux, graviers, vagues, pâturages........	2,400 hectares.
Bois et broussailles..............................	180
Cultures et prairies..............................	200
Propriétés bâties et jardins......................	120
Chemins, etc......................................	10
Total..........	2,910

Les biens communaux occupent 1,900 hectares.

L'hectare nu ou bâti était offert à des prix variant de 70 à 90 francs.

L'État, sans doute pris entre le scrupule de favoriser trop manifestement l'exode rural dans une région en voie de dépopulation, et le désir de soustraire à la dévastation torrentielle des terrains dont le ravinement est un danger public, a hésité jusqu'ici à souscrire aux offres de la commune de Mariaud. Elle reste à vendre! On peut se demander comment subsiste sa population!

Rien ne manquera bientôt plus à nos Alpes provençales pour devenir une seconde Gascogne au point de vue de l'expatriation. Nous verrons dans la suite comment la législation montagneuse projetée concorde à ce sujet avec le vœu des économistes. Reste à savoir si ces derniers ont bien pesé tous les profits et pertes résultant actuellement de l'exode montagneux.

Le lien puissant et ancestral que la nature a créé entre l'homme et le sol, que notre législation terrienne a scellé en 1791 et n'a cessé de consolider depuis, ce lien est rompu à Chaudun, à Châtillon-le-Désert, à Mariaud, à Braudes, la ville tuée par la forge et le troupeau, pour ne parler que de ces bouts du monde perdus dans nos Alpes, où personne ne prit souci d'une déchéance fatale et irrémédiable. Existe-t-il encore avec l'intensité de jadis, dans les milieux cauteréziens et ossalois, où il fut analysé, on peut dire disséqué, avec une précision et une élévation d'idées si remarquables par Le Play et ses disciples?

La mobilisation et la dégénérescence physique du sol cultivé, qui déterminent l'exode de celui qui s'est attaché à sa glèbe, ont certainement aidé les «intellectuels» dans la propagande du mouvement agraire contemporain en Russie. Ces phénomènes si solidaires ne peuvent être étrangers aux causes de l'exode rural qui sévit dans toute l'Europe occidentale (Vanderwelde). On leur a fait une large part dans le mouvement migrateur qui dépeuple l'Italie méridionale. Bien que Cézanne ne s'y soit pas arrêté quand il posa la «question des montagnes», il dut certainement les pressentir. Comment a-t-on pu les passer sous silence quand après avoir si justement [1] exposé la «fusion du sol montagneux» sous l'action torrentielle, on s'est attaché à montrer l'impérieuse nécessité du «Retour à la Terre»?

III. Certaines grandes étapes de notre législation terrienne trahissent les causes de dissociation constante de l'homme et du sol et font pressentir les difficultés actuelles de cette réassociation.

Après la nuit du 4 août 1789, la terre était en principe appropriée à celui qui devait la cultiver. Mais la chaîne féodale ne liait pas seule le paysan à la glèbe. L'Assemblée Constituante n'a pu libérer ce dernier vis-à-vis de la nature, dont le joug était autrement impérieux que celui des anciens détenteurs du sol. La crise agraire qui sévit actuellement en Russie nous montre l'impuissance des textes législatifs en pareil cas. Là aussi, une volonté libératrice réalisa pacifiquement, il y a cinquante ans, une des plus grandes révolutions agro-sociales qu'ait vues l'humanité. Et déjà, des signes incontestables de dégénérescence culturale pullulent sur les immenses Terres-Noires dont la fertilité passait jadis pour inépuisable [2]. La misère progressive d'un sol mal cultivé ne fut pas étrangère au déchaînement contemporain du moujick, ameuté comme au temps de Pougatcheff, par les mots magiques «Terre et liberté». Le «mir», la commune, fiscale, inexorable et tyrannique lui déroba l'une et l'autre de ces conquêtes, auxquelles il n'est pas encore intellectuellement adapté. Déçu, il fuit en un immense exode un sol originellement fertile, mais que stérilisent des cultures primitives et improgressives.

[1] «Les autorités du pays, les Préfets, les Ingénieurs, me représentent qu'il y a dans les Alpes et dans les Pyrénées, certains départements qui se fondent littéralement, où les montagnes dénudées glissent dans les plaines et où les plus grands malheurs sont à redouter si on ne prend des mesures énergiques pour les enrayer». «Voulez-vous avoir la responsabilité de ces catastrophes menaçantes?» — *Journal officiel* du 6 juillet 1883. Chambre. *Discours du Ministre de l'Agriculture*, page 1590.

[2] Yermoloff, *La Russie agricole devant la crise agricole.* — Kowalewsky, *Le Régime économique de la Russie.* — Woeikoff, *L'influence de l'homme sur la terre.*

Ce n'est pas plus à des rêveries imaginatives [1] qu'aux violences de l'expropriation [2] ou de la nationalisation [3] qu'il faut recourir pour posséder à jamais le sol; mais il faut, après s'en être approprié la matière, s'en approprier la vie propre, dont les conditions essentielles varient d'une terre à l'autre, d'un pays à l'autre.

La multiplicité de ces conditions de vie confère au sol français un incontestable, mais très délicat privilège cultural qui peut devenir, pour celui auquel le sol est approprié, une cause d'expropriation naturelle et irrémédiable, une cause d'exode.

Or la fin du XVIIIe siècle, les «cahiers» de revendications des populations agricoles montrent avec quelle ardeur se faisait la «poussée vers la culture, le *rush* vers la terre [4]», la course à la dénudation! Le législateur de 1789 n'a fait aucune distinction dans l'immense variété de nos sols, les livrant tous «au labourage et pastourage...»; celui de 1791 a explicitement consacré ces «droits à l'abus».

En Russie, on pouvait à la rigueur se croire autorisé à agir ainsi en allotisant au moujick l'immense plaine de ses steppes unifor-

(1) L. Tolstoï, *La question agraire.* (*La Grande Revue,* 10 août 1907.)

(2) *Officiel*, 15 juin 1906. Débats. Chambre, Discours de M. Jaurès, p. 1957.

(3) Yermoloff, *op. cit.*, p. 54, etc.

(4) A. Demangeon, *Les recherches géographiques dans les archives.* (*Ann. de Géographie*, 25 mai 1907, p. 193-204.)

G. Bourgin, *Le partage des biens communaux. Documents sur la préparation de la loi du 10 juin 1793.* Imp nat., 1908.

E. Picard, *Les réformes forestières en Bourgogne dans les cahiers de 1789.* (*Revue des Eaux et Forêts.* Août-Septembre 1876.) Il est intéressant de mentionner ici que c'est en Bourgogne qu'est né le courant d'idées sur la «mise en valeur des Communaux» dont il sera parlé plus loin. L'Assemblée Nationale (séance du 28 août 1848) rappela l'initiative prise à cet égard par le Conseil général de la Côte-d'Or en 1839. — On estime aujourd'hui (Ruau, Rapport sur le budget de l'Agriculture de 1904. Chambre, pages 375-376), que cette mise en valeur devrait encore porter sur 30.000 hectares. On estime aussi (J. Bonnet, *L'Amélioration des pâtis communaux* [*La Bourgogne rurale,* 1906]) que sur la plus grande partie de ces terrains, la seule amélioration possible et désirable est le boisement. Cette opération est entreprise aujourd'hui sur de nombreuses cultures désertées par l'exode rural. La «Côte-d'Or» type des régions riche, prospère et cultivée, figure en bonne place dans nos départements à dépopulation : de 1901 à 1906 elle a perdu 3,667 habitants malgré l'afflux de 2,787 dans l'agglomération dijonnaise. On commence à recourir à des équipes piémontaises pour l'exploitation des forêts bourguignonnes; on parle même d'attirer les paysans polonais expulsés par le «Deutschthum».

mes. Toutefois on sait[1] que le gouvernement du tzar se préoccupa de ces différences naturelles, en cherchant à proportionner à leur valeur culturale l'étendue des lots distribués aux mirs. On sait aussi tous les fléaux culturaux, ravinements, ensablements, assèchements qui assaillent aujourd'hui la steppe cultivée et y déterminent en grande partie l'exode du paysan vers la terre d'Asie.

Notre loi du 10 juin 1793, décrétant le *partage des communaux*[2] entre les habitants, accentua les causes de misère physiologique du sol. De même que le particulier «réalise» aujourd'hui ses forêts qu'il craint de ne pouvoir conserver, le paysan réalisa jadis son lot de terre qu'il se jugea inapte à cultiver : il y eut une nouvelle reconcentration du sol en d'autres mains plus capables ou plus avides. Une opération presque identique se fait en Russie au profit des «mangeurs-de-mir» : nous avons eu nos «mangeurs-de-commune». Elle a toujours pour résultat de libérer de la glèbe du sol une catégorie de paysans qui part à la conquête... de nouvelles chances souvent plus dures que les autres. L'exode qu'entreprirent alors nos paysans les conduisit comme on sait à promener au loin le drapeau de la France, à cultiver les lauriers de la gloire, sinon le sol du pays. En Russie, depuis longtemps on cherche à enraciner le moujick à son isbâ, à l'empêcher de «fêter la Saint-Georges», mais la tyrannie collectiviste du mir n'a, pas plus que le servage d'avant 1861, réalisé cet objectif : le paysan russe n'a conquis qu'une liberté relative, celle de se dissocier d'avec une terre dont il rêvait la possession et à la culture de laquelle il n'a pas encore su s'adapter[3].

(1) Voir les travaux de : An. Leroy-Beaulieu, L. Wolowski, L. de Lavergne, etc.

(2) Les «forêts et terrains boisés» étaient en principe exclus du partage. Cette réserve se retrouve dans la constitution du mir slave, de la mark germanique, du township anglos-axon (A. Leroy-Beaulieu, L. de Laveleye, L. de Lavergne, etc.). Le bien forestier était considéré comme l'apanage naturel du pouvoir souverain, de «l'appropriateur» du sol; c'était la réserve, «le bas de laine» de la collectivité bénéficiaire de cette appropriation. C'est cette idée de «nationalisation» du sol forestier qu'on trouve discutée et préconisée par l'ensemble des auteurs agro-socialistes contemporains, Vanderwelde, Kowalewsky, Kautzky, etc. Aucun d'eux d'ailleurs n'a encore étendu cette idée aux terrains sylvo-pastoraux où la forêt finit et où commence un autre bien communal inappropriable, l'alpage, la haute pelouse.

(3) Pour la Russie, où la population rurale foisonne, l'émigration n'a pas les mêmes inconvénients que pour la France, d'autant que le courant est orienté vers les terres d'Asie où l'«aspirent» 13 millions de kilomètres carrés de plaines

De 1813 à 1870, la France commence à vider « le bas de laine » ! En « réalisant » des forêts domaniales, elle donne un exemple que suivent aujourd'hui les particuliers. On aliène 357,645 hectares de forêts, avec faculté de défrichement. Nous n'estimons aujourd'hui qu'à 345,140 hectares l'étendue de terres montagneuses à reboiser pour « achever la restauration des montagnes ». Serons-nous au pair, à la clôture de cette parade, dans 40 ans (c'est le terme)? Au point de vue de la constance de l'*aire boisée*, dont nous avons pris le mot aux Suisses qui peuvent être fondés à l'appliquer au territoire helvétique en grande partie montagneux, le calcul semblerait juste. Resterait à prouver qu'il peut y avoir parité de *production* forestière entre un hectare de la forêt de Marchenoir et un hectare des terres noires de Barcelonnette ou des cargnieules de Pralognan. Resterait surtout à démontrer qu'au point de vue de la *sécurité*, de l'*intérêt public*, il y a parité de garanties entre le boisement de la même surface prise dans nos Alpes et nos Pyrénées à 1800 ou 2,000 mètres d'altitude, ou dans la plaine beauceronne ! « Tout propriétaire qui voudra défricher *un* hectare de terre en plaine, devra en reboiser *deux* en montagne », aurait prescrit la « loi About », et le spirituel humoriste avait perçu la nuance, en forçant un peu le tarif [1] ! Une forêt qu'on dénude, qu'on fait

à peu près vides. C'est la colonisation « à l'abri du drapeau », et pour des siècles peut-être, jusqu'au jour où la dénudation intensive du sol partout commencée remettra le flot slave en route vers d'autres horizons.

On a décrit les désillusions qui assaillent le moujik déraciné cherchant à retrouver et son isbâ abandonnée et sa place prise sur les terres du mir (Anton. Tchekov, *Les Moujicks*.)

[1] La statistique décennale de 1882-1892 (page 228) s'exprime ainsi : « La superficie des bois et forêts a augmenté de 1882 à 1892 de 66,343 hectares. Le « mouvement comprend : une diminution des surfaces des bois de particuliers et « établissements publics (y compris évidemment les communes), et une augmentation du domaine forestier de l'État qui provient des achats faits pour les « périmètres de reboisement des montagnes ». En langage clair, nous avons remplacé des forêts existantes, nées et actuelles, en plein rapport, abandonnées aux moutons et aux usines, par des terrains ruinés où ces mêmes moutons et usines ne trouvent plus rien à ravager. (Voir ci-dessus, tableau VI.)

Il semble que le rédacteur de cette statistique ait cherché à s'excuser de constater tant de reboisements ! Le « mirage » était mieux organisé, quand les financiers de jadis comptaient à l'actif du Reboisement des montagnes la création de nos pineraies landaises; quand on mettait à l'acquit du reboisement métropolitain les 185,000 hectares de forêts des départements annexés en 1860. Ceux

pâturer, qu'on incendie et pille à outrance, c'est un capital millénaire qui disparaît, c'est une *dégradation* colossale de l'*énergie* d'un pays (B. Brunhes) : nul n'appréciera jamais la somme d'efforts et de sacrifices pécuniaires, la durée du temps que devront mettre en œuvre des générations d'hommes pour revivifier ce cadavre.

Au point de vue de l'exode rural, aucune statistique ne permet encore d'apprécier l'influence des aliénations forestières du siècle dernier : on ne peut les pressentir qu'en étudiant le résultat de la *mise en valeur* des communaux.

Ce grand souffle cultural courut la France en 1848, 1857, 1860... Depuis 1793, nos paysans s'étaient alloti la masse de leurs communaux qu'ils jugeaient aptes à la culture : c'était un « caput mortuum » ni approprié et ni appropriable individuellement, c'est-à-dire 7 à 8 millions d'hectares de landes arides, pâtis, broussailles, rochers et marécages, auxquels on cherchait à appliquer une des trois solutions projetées : partage, aliénation, amodiation[1]. Une quatrième solution, le boisement auquel nul ne songea au début, fut certainement celle qui donna les plus heureux résultats à tous égards.

On sait[2] quelle révolution culturale, économique et sociale provoqua en basse Gascogne la loi de 1857 qui y propagea « l'arbre d'or ». La même influence sylvo-culturale régénéra peu après la Sologne : on commence aujourd'hui à y « réaliser » les forêts rédemptrices[3] !

Il est intéressant de signaler ici une erreur démographique que propagèrent certains esprits plus spéculateurs qu'économistes. « Rendons-nous à l'évidence », disait à la Chambre l'un d'eux, partisan de maintenir au « gros » ministre des Finances les forêts domaniales que d'autres cherchaient à soustraire à ses voracités

que n'abusaient pas les belles paroles, reprochaient alors à l'État de « reboiser (?) « 10,000 hectares au cours d'une période pendant laquelle il avait accordé la « faculté de défricher 31,000 hectares (Becquerel) !

[1] Ce sont ces mêmes « Communaux » que Léonce de Lavergne jugeait déjà fort maltraités par les habitants des communes, il y a 50 ans (*Revue des Deux-Mondes*, 1er février 1856, p. 557), et sur le partage desquels on voudrait faire cas aujourd'hui pour contribuer à la repopulation de la France. (R. Gonnard, *La Dépopulation, etc.*, p. 119-120). Voir C. Bourgin, infra.

[2] Chambrelent, *Les landes de Gascogne*, p. 55, 67, etc. — E. Risler, *Géologie agricole*, III, p. 333, etc.

[3] Léon Labbé, in *Bull. Soc. d'Agriculture du Cher*, XXXVI, 1908, 2, p. 88.

en les abritant au «petit» ministère projeté de l'Agriculture (Cézanne), «le développement de la population et de la richesse dans «un pays est incompatible avec l'état boisé; et l'on pourrait poser «en loi que sa prospérité est en raison inverse de l'étendue des «forêts et des landes qu'il possède [1] ».

Si nous comparons aujourd'hui les populations de deux départements de la basse Gascogne, où les conditions géographiques et la densité actuelle de la population sont sensiblement les mêmes, tous deux dépourvus de grands centres attractifs, le Gers et les Landes, les statistiques montrent que la dépopulation a toujours été moins rapide dans les Landes boisées, que dans le Gers cultivé. Ce dernier département perd annuellement 1,400 habitants, plus que les Basses-Alpes. Dans les Landes, le point mort est franchi, et depuis 1901 la croissance de la population est très marquée. Les démographes feront-ils un grief au Landais de ne pas assez contribuer par de lointains exodes, comme les autres cadets de sa race, à l'expansion du prestige de la France?

Dans la Dombes, le «pays d'étangs» (100,000 hectares) renfermait 19,000 hectares d'étangs jadis; 11,000 hectares furent desséchés en exécution de la loi de 1856. Pendant la période d'étangs : «la population n'avait cessé de croître et d'une façon considérable; la progression a été moins sensible à la suite du desséchement. Aujourd'hui la population est en diminution accentuée; on émigre de la Dombes [2] ». On doit aussi observer que, contrairement à ce qui s'est passé en Sologne et dans les Landes, la Dombes se déboise et que le dessèchement des étangs a très nettement torrentialisé le régime des rivières du pays.

En 1906, la population croît dans 32 de nos départements, et décroît dans les 55 autres. Si, à l'exclusion des régions très montagneuses, Alpes, Pyrénées, etc., nous groupons un certain nombre de départements pris dans chacune de ces deux catégories, nous constaterons (Tableau VII) que le sol est aujourd'hui presque deux fois plus boisé sur l'ensemble des départements à population croissante que sur les autres.

On a donc eu bien raison de craindre que la «réalisation» en

(1) Chambre. Séance du 30 février 1873. Discours de M. de Soubeyran.

(2) PASSERAT, *Étangs de la Dombes.* (*Ann. Soc. d'Emul*[on] *de l'Ain*, 1897.) — L. TRIPIER, *Les forêts en Bresse, Dombes et Revermont.* 1901.

TABLEAU VII [1].

DÉPARTEMENTS.	SUPERFICIE du TERRITOIRE.	SUPERFICIE des FORÊTS.	PROPORTION BOISÉE p. o/o de la superficie.	POPULATION en 1906.	PROPORTION PEUPLÉE p. o/o de la superficie.
	hectares.	hectares.		habitants.	
DÉPARTEMENTS À POPULATION CROISSANTE.					
Ardennes	523,289	131,879	25	317,505	61
Gironde	974,032	327,889	34	823,925	85
Indre-et-Loire	611,370	96,985	16	337,916	59
Landes	932,931	435,192	47	293,397	31
Loir-et-Cher	635,092	116,733	18	276,019	44
Haute-Loire	496,225	85,618	17	314,770	63
Marne	818,044	133,856	16	434,157	53
Meurthe-et-Moselle	524,435	134,214	26	517,508	99
Oise	585,506	101,882	17	410,049	70
Rhône	279,039	34,042	12	858,907	306
Seine-Inférieure	603,329	97,046	16	863,879	143
Seine-et-Marne	573,635	102,234	18	361,939	63
Seine-et-Oise	560,365	103,311	18	749,753	131
Vaucluse	354,771	79,630	22	239,178	67
Vosges	586,919	205,644	35	429,812	73
TOTAUX et moyennes.	9,058,982	2,186,155	24 o/o	7,228,714	80 o/o
DÉPARTEMENTS À POPULATION DÉCROISSANTE.					
Allier	730,837	90,669	12	417,961	57
Aube	600,139	110,921	18	243,670	41
Calvados	552,072	38,231	7	403,431	73
Cher	719,934	120,357	17	343,438	48
Gers	628,031	53,162	8	231,088	32
Hérault	619,800	85,967	14	482,779	78
Lot	521,174	92,890	18	216,611	41
Lot-et-Garonne	535,396	75,953	14	274,610	51
Manche	592,338	20,777	3	487,443	82
Orne	609,729	83,195	14	315,993	52
Saône-et-Loire	855,174	154,929	18	613,377	72
Sarthe	620,668	87,940	14	421,470	66
Deux-Sèvres	599,988	42,985	7	339,466	57
Somme	616,120	40,501	7	532,567	87
Tarn-et-Garonne	372,016	47,320	13	188,553	50
TOTAUX et moyennes.	9,173,916	1,145,797	11 o/o	5,512,503	60 o/o

(1) *Statistique de la population française en 1906.* Rapport du Ministre de l'intérieur, du 30 décembre 1906. — *Statistique forestière.* Ministère de l'agriculture et du commerce. Administration des forêts. Paris, Imp. Nat., 1878, 2 gr. in-4°.

cours des forêts particulières n'accrût l'exode rural[1]; et l'on peut dire qu'actuellement, *dans les régions françaises à grande culture, le boisement du sol favorise plus qu'il n'entrave le développement de la population.*

Dans l'Erzgebirge, où la forêt couvre les trois quarts du territoire, «la forte densité (65 unités au kilomètre carré en Saxe et 115 en Bohême) de la population, est surprenante de 1840 à 1900, celle-ci s'est accrue du tiers, sans immigration.» (Auerbach.)

Les cultures riches et rémunératrices ne constituent pas une garantie absolue contre les causes d'émigration. Nos départements viticoles du Midi, voués à la *monoculture*, payèrent de lourds tributs à l'expatriation, à la suite de l'invasion phylloxérique[2]. «La crise viticole récente est fort capable, écrit-on l'été dernier, d'en-«traîner un relèvement du courant de l'émigration pour une période plus ou moins étendue[3].» Combien ces prévisions se trouvent-elles confirmées et amplifiées après les désastreuses inondations de l'automne dernier!

Il serait utile de pouvoir suivre les rapprochements culturaux et démographiques dans des régions sylvo-pastorales; mais, comme nous le verrons, jamais jusqu'ici les statistiques agricoles n'ont abordé nos régions montagneuses. Système ou ignorance? Toutefois nous pouvons nous faire une idée de ces rapports en pays alpestre.

Dans le haut Valais, la vallée de Conches[4], grande artère facilement accessible, est éminemment torrentielle : «Certains torrents s'illustrent par leurs dévastations». Un autre fléau du pays est l'avalanche : «Sa crainte a empêché l'anéantissement des forêts... mais elles sont mal soignées, on y admet les chèvres et les moutons qui les dévorent... Toute la plaine du haut Conches si exposée à la fureur des éléments se dépeuple. On s'étonne non de cette décadence, mais de l'opiniâtreté des montagnards à demeurer là... C'est aux États-Unis, en Argentine, que

(1) *Officiel* du 14 février 1908. Débats. Chambre, p. 307. Discours de M. Deléglise.

(2) Baudrillart, *op. cit.*, III, p. 286.

(3) R. Gonnard, *L'émigration française.* (*Questions Diplomatiques et Coloniales*, 1er août 1907, p. 154.)

(4) Charles Biermann, *La vallée de Conches en Valais.* Lausanne, 1907, in-8°, 151 p. Cartes. Croquis. Photot. Diagrammes, etc.

fuient garçons et filles, ne laissant autour du clocher natal que les vieillards et les petits enfants..., des villages mourants, des «villages morts».

Toujours dans le Valais, mais plus en aval, se branche sur la gauche du Rhône le val d'Anniviers [1] qui, par des gorges profondes, remonte jusqu'au Cervin; pays essentiellement pastoral et où l'instrument d'exploitation est surtout la vache laitière. Les Anniviards se sont ingéniés à multiplier leurs habitations «à la poursuite du soleil», à grouper ces «mazots» à portée de l'alp et du «mayen» de manière à ne jamais émigrer, tout en étant en émigration constante pour satisfaire aux nécessités de l'exploitation des pelouses, à celles des cultures et même des vignes qu'ils possèdent dans la vallée du Rhône : «la population, loin de diminuer, augmente... le val est surpeuplé eu égard à la superficie».

Les populations «en Conches et en Anniviers» sont, au point de vue pastoral, dans une situation relative, analogue à celles où le Gers et les Landes se trouvent au point de vue cultural : les variations et la stabilité de ces populations sont fonctions de la protection que donne à leur sol la végétation spontanée, forêt ou herbage.

En haute montagne, les charges communes se concentrent, par le fait de l'exode progressif, sur un nombre d'individus de plus en plus restreint et écrasé. L'État ne songe pas à dégréver les communes montagneuses pressurées, quand il spécule au loin sur les colmatages, relais et autres dépouilles torrentielles de leur sol. Pour ces communes miséreuses, c'est la ruine lente, une sorte d'autophagie fiscale; c'est l'impôt progressif sur la terre qui meurt. On bénéficie de ce trafic du sol avec des gestes éplorés, des verbes sonores, on l'atténue parfois avec des libéralités peu discrètes, et l'on croit avoir ainsi paré à la «mort de la montagne»! En tous cas, nous ne voyons pas en quoi le pays pourrait s'enorgueillir d'une émigration lointaine consécutive à de telles misères qui exporte toute la partie saine, robuste et entreprenante de nos populations montagnarde.

Depuis un siècle la culture française a préparé sur nos territoires sylvo-pastoraux la faillite du «nombre». Sur les plaines russes d'Europe et d'Asie, s'organise la faillite de «l'étendue» qui

[1] Jean Brunhes et Paul Girardin, *Les groupes d'habitations du val d'Anniviers comme types d'établissements humains.* (*Annales de Géographie*, 15 juillet 1906. Cartes. Photot. p. 329, etc.)

n'attendra peut-être pas un siècle pour se déclarer. Elle est presque évidente dans les arides du Far-West où l'ennemi est moins la faim du pionnier que la soif du sol : les «cultures à sec»[1] y révèlent une surprenante ingéniosité culturale, mais ne sauraient y résoudre le problème de «la vie intense» (Th. Roosewelt).

Là au contraire où s'organisera, comme dans la nature, la coopération éclairée du «moindre effort» de chacun, pour «forcer la nature» (Hitier), intensifier la production culturale, sylvicole et pastorale adaptée au sol, ce dernier, perpétuellement fécond et vivant, se surpeuplera facilement : c'est alors que le débordement des colonisations hardies pourra rehausser sûrement le prestige d'une race dont les «familles-souches» resteront enracinées à leur terre d'origine.

Parfois même, les conditions naturelles permettront de transformer ces lointains exodes en migrations plus ou moins restreintes et saisonnières. C'est ainsi que 40,000 ou 50,000 Belges viennent chaque année estiver dans le bassin de Paris. Chacun d'eux y moissonne le blé... et 400 ou 500 francs qui parent aux besoins hivernaux. L'organisation de cet «exode rural» (L. Vanderwelde) ne peut qu'être utile. C'est dans des proportions bien plus larges le but poursuivi autour des grandes villes par l'œuvre des *Jardins ouvriers*.

Erreurs de doctrines, oppressions fiscales, jeux de mots et de chiffres, dérivations et déclamations, se sont accumulés depuis un siècle pour nous conduire à la crise sylvo-pastorale actuelle. L'État, débordé par les coalitions des bergers-électeurs, des spéculateurs audacieux, des industriels entreprenants, est incapable avec ses seuls moyens de faire face à cette crise. Réparer les dangers torrentiels «nés et actuels», dus surtout à son imprévoyance, n'est qu'une partie de sa tâche. Songe-t-il à parer au retour des «catastrophes menaçantes» annoncées il y a vingt-cinq ans, et réalisées tant de fois depuis, hier encore dans le Midi viticole où, parmi tant de naufragés et d'enlisés, l'expatriation va prélever cette année une lourde dîme[2] ?

[1] Vte G. d'Avenel, *Aux États-Unis : Les champs.* (*Revue des Deux-Mondes*, 15 juillet 1907.)

[2] Nous nous sommes déjà essayés à «protéger» notre sol boisé. En 1878, hydrauliciens, agriculteurs et forestiers furent réunis pour une fois, la seule, en commission extra-parlementaire, pour coopérer à l'*Aménagement et à l'Utilisation*

«Certes, ce serait déjà beaucoup que de rapatrier les naufragés, les Robinsons parisiens; mais il y a mieux encore à faire et nous retrouvons ici, comme dans toutes les matières sociales, la supériorité de la prévention sur la réparation, de la prophylaxie sur la thérapeutique. Il est bon de soigner un tuberculeux, il vaut mieux l'empêcher de le devenir; on a raison d'assister l'homme tombé, mais il eût été préférable de prévenir sa chute. Et si je viens d'applaudir à toutes les mesures de rapatriement, j'attribue bien autrement d'importance à celles qui empêcheraient le déracinement lui-même[1].»

III

LA RÉAPPROPRIATION DU SOL.

«L'appropriation consiste en deux opérations : expropriation, appropriation. On exproprie le propriétaire qu'on juge qui administre mal sa propriété, ou qu'on juge qui nuit à l'État, comme trop riche propriétaire de biens, dont la société ne tire aucun profit. On l'exproprie : cela fait, on donne sa propriété à ceux qu'on juge qui l'administreront bien, et de telle sorte que la société en tirera avantage. On approprie la propriété à ceux qui y sont propres[2].»

des Eaux. M. Faré, ancien directeur des Forêts, apologiste ardent et convaincu de la protection du sol boisé, reçut la mission d'élaborer un texte de loi adapté à cette protection. Celui qu'il proposa était ainsi conçu : «Tous les bois des communes situés dans la région montagneuse sont sans exception soumis «au régime forestier». Son successeur immédiat, qui cependant peu d'années auparavant avait voté à la Chambre l'aliénation des Forêts de l'Etat! proposa à la Commission le texte suivant qui fut adopté : «Tous les bois des communes et établissements publics sans exception, quand ils sont situés dans la région montagneuse, sont soumis au régime forestier.»

Le législateur de 1882 fit table rase des deux textes, livrant 300,000 hectares de forêts communales et d'établissements publics, dont 30,000 hectares dans les Pyrénées seules, aux rapacités de la gent pastorale, en holocauste à la «loi du nombre» ! On n'a fait qu'aggraver cette faute, en 1905, en annonçant aux populations montagneuses «des mesures libérales aptes à permettre l'exercice du droit de pâturage, etc.» !

Au fur et à mesure que progresseront les déboisements et par suite des dévastations torrentielles, nous instituerons, comme on vient de le faire dans le bassin du Chassézac (Gard), des périmètres de reboisement, véritables tonneaux des Danaïdes, où s'engloutiront des millions.

[1] E. Cheysson, L'*Invasion de la misère provinciale à Paris*, 1904.

[2] E. Faguet, *Le Socialisme en 1907*, p. 25.

L'inaptitude des collectivités montagnardes, abandonnées à elles-mêmes, à la conservation du bien sylvo-pastoral que l'État leur a approprié, conduit cet Etat, particulièrement en France, à ressaisir ce bien : il cherche à se le réapproprier, comme nous allons le voir. Mais auparavant, il convient d'exposer en pleine lumière un ensemble de faits actuels mettant les questions sylvo-pastorales françaises plus exactement au point que cela n'a été fait précédemment.

I. Les étapes de la dénudation du sol en France peuvent être résumées ainsi qu'il suit depuis un siècle :

a. En 1790, les forêts françaises couvraient 17,000,000 hectares; en 1906, elles n'occupent plus que 9,568,232 hectares.

b. En 1795, les forêts de l'État couvraient 2,592,706 hectares; en 1906, ces forêts, en y comprenant les terrains compris dans les périmètres de reboisement acquis par l'État, occupent 1,174,345 hectares.

c. Les allotissements à titres divers de bois conventuels, ecclésiastiques et seigneuriaux, réalisés au cours de la révolution, firent disparaître des étendues boisées considérables : on les a évaluées (*Le Temps*, 31 mai 1865) à 1,300,000 hectares. Ces opérations furent poursuivies en 1849, 1857, 1860 sans qu'il soit possible d'en préciser le résultat.

d. De 1814 à 1870, les aliénations de forêts de l'État ou de listes civiles, toutes faites avec faculté de défrichement, ont porté sur 352,645 hectares.

e. De 1828 à 1906, les défrichements de forêts autorisés s'étendaient sur 486,484 hectares.

En 1906, ces défrichements progressent annuellement à raison de 1,200 hectares.

Il n'est d'ailleurs pas possible d'apprécier l'étendue des déboisements opérés et qui se poursuivent encore en haute montagne; celle des «réalisations» forestières qui commencent aujourd'hui.

f. L'étendue des châtaigneraies dévastées de 1882 à 1902 est au minimum de 85,000 hectares, la disparition de ces châtaigneraies progresse annuellement à raison de 1,200 hectares, soit, de 1902 à 1907, 6,000 hectares : en tout, 91,000 hectares.

On saisit donc la trace d'une disparition de 3,230,129 hectares de forêts françaises livrées à la culture extensive au cours du siècle dernier : combien de ces forêts défrichées sont devenues landes ou ravins aujourd'hui! Combien d'expatriés l'opération a-t-elle déracinés de notre sol!

La déforestation (forêts et châtaigneraies) progresse actuellement à raison d'un minimum annuel et apparent de 2,500 hectares.

La restauration des montagnes doit s'opérer sur une étendue de 345,000 hectares dont une grande partie est constituée par des lits de torrents, des ravins, des berges vives et instables, des terres arides et surappauvries qui resteront longtemps inaptes à toute production sylvo-pastorale. Les illusions commencent à tomber d'ailleurs au sujet d'une *mise en valeur* sylvicole, de ces terres pauvres : «L'œuvre entreprise est plutôt une œuvre de défense sans fin qu'une œuvre de conquête définitive» (Fernand David). C'est plus qu'une œuvre économique, c'est une œuvre de *sécurité publique*.

De 1846 à 1875, les dommages causés en France par les inondations ont coûté à l'État :

Routes, digues, ponts, etc. .... 71,710,000 fr.

Les dommages causés aux propriétés particulières ont été évalués en

1856 à	178,100,000f	342,850,000
1866	43,750,000	
1875	100,000,000	
1897	21,000,000	
Soit au total		414,560,000

Dans ce compte ne figurent pas les dépenses faites «en cours de route». C'est ainsi que le budget de 1907 a alloué une dépense de 800,000 francs, pour les victimes de la «sécheresse et des inondations» et une autre dépense de 100,000 francs pour les sinistrés de Barèges.

En 1908, on a voté un crédit de 6,000,000 de francs pour les sinistrés du Languedoc, sans compter les fêtes de charité, tombolas, etc., organisées à Paris.

La région pyrénéenne participa à cet onéreux bilan pour une somme dépassant 121 millions de francs, jusqu'en 1900, soit le quart de l'évalution totale des pertes matérielles. On estime (Bouquet de la Grye) à un minimum annuel de 3,000,000 de francs les frais de dragage indispensables pour dévaser le port de Bordeaux et les chêneaux girondins.

Nous avons en France (statistique 1892) :

Landes, pâtis, bruyères	3,898,530 hect.
Terres rocheuses et montagnes incultes	1,972,994
TOTAL	5,871,524

En 1845, la surface des terrains montagneux à restaurer était évaluée à 1,100,000 hectares (Legrand de l'Oise).

En 1861, cette surface était réduite à 1,000,000 hectares (de Forcade).

En 1882, *l'Idée pastorale* réduit la surface à 100,000 hectares.

En 1883, la surface se trouve portée à 140,000 hectares.

En 1900, la surface est évaluée à 315,062 hectares.

En 1905 (Revision dite définitive), la surface est de 345,140 hectares.

Depuis les débuts de l'œuvre du Reboisement (1860), jusqu'en 1900, les dépenses effectuées ont été :

Travaux divers	41,224,209 fr.
Acquisition de terrains	25,193,825
TOTAL	66,418,034

Les dépenses restant à effectuer jusqu'en 1945, époque présumée d'achèvement des travaux, calculées sur une allocation annuelle moyenne de 3,300,000 francs, seraient :

Travaux divers	86,077,359 fr.
Acquisitions de terrains	26,793,094
TOTAL	112,870,453
Dépenses effectuées	66,418,034
DÉPENSE TOTALE PROJETÉE	179,288,487

En 1900, la situation des travaux dans les Alpes et les Pyrénées était la suivante :

	PYRÉNÉES.	ALPES.
Total du territoire	2,746,000 hect.	3,700,000 hect.
Superficie des landes (non compris les rochers, etc.)	452,000	423,000

	PYRÉNÉES.	ALPES.
Superficie des terrains dont la restauration était projetée	36,000	222,000
— des terrains considérés comme restaurés	9,000	56,000
Dépenses effectuées	5,311,000 fr.	32,829,000 fr.
— restant à effectuer	16,404,000	81,923,000

Au 1er juillet 1903, la situation générale des travaux en France était la suivante :

Travaux exécutés :		
Divers	50,083,675	78,075,618 fr.
Acquisitions	27,991,943	
Travaux à exécuter :		
Divers	66,100,000	87,100,000
Acquisitions (181,206 hect.)	21,000,000	
Total de l'évaluation de l'œuvre en 1903		165,175,618

En 1907[1], la situation générale des acquisitions par l'État des terrains dégradés se résume ainsi qu'il suit :

Région des Alpes	138,212 hect.
— des Cévennes et du Massif central	52,213
— des Pyrénées	13,393
Terrains nationalisés	203,818
— restant à nationaliser	141,244
Total	345,062

II. On sera frappé de la proportion extraordinairement réduite des travaux de restauration engagés dans les Pyrénées, eu égard à l'évaluation des désastres torrentiels qui s'y sont déchaînés depuis 1846. L'explication sera donnée plus loin, au moins en partie.

Quand, à la suite des inondations de la Loire, se posa pour la première fois au Parlement, et sous une forme indirecte, la « Question des Montagnes », le législateur, en pleine évolution d'idées fiscales ou vaguement culturales était bien peu préparé à la tâche qu'on

[1] Jean Dupuy, Rapport du Budget de 1908. Sénat, ministère de l'Agriculture, p. 72.

lui demandait : il pensa s'en acquitter par la loi du 28 juillet 1860 sur le «*reboisement* des montagnes». La question de l'influence hydrologique des forêts était fort controversée, même par Surell : l'éminent ingénieur ne voyait que l'inertie de cette influence sans en avoir saisi les causes physiologiques et géographiques.

Aussi notre première législation laissa-t-elle filtrer entre les mailles d'une restauration ébauchée sans discernement ni méthode, de grandes quantités de terres en voie de dénudation; et, en particulier, les prés-bois, vacants, landes et alpages des zones subalpine et alpine, allotis *collectivement* aux communes, qui couvrent en France des millions d'hectares. Je ne parle que pour mémoire des châtaigneraies dont on s'est préoccupé seulement hier. Bien plus, l'article 14 de cette loi, opposée au déboisement, autorisait, avec faculté de défrichement, l'aliénation de bois de l'État jusqu'à concurrence de 5,000,000 de francs. Les uns disaient que ces bois étaient des broussailles, d'autres que c'étaient de riches forêts; et en fait, quels acquéreurs eût-on trouvé pour des broussailles?

Pour reboiser les terrains situés «sur le sommet ou sur la pente des montagnes» (art. 1), l'État alloue des subventions aux propriétaires. Dans le cas où «l'état du sol et les dangers qui en résultent pour les terrains inférieurs» mettent en cause l'intérêt public et exigent l'intervention de l'État, après un luxe de formalités et une lenteur justement critiqués, on «décrète» le périmètre d'exécution des travaux de reboisement : le propriétaire, vaguement subventionné, est tenu de les exécuter, faute de quoi *on l'exproprie!*

Ainsi, sous l'empire de la législation de 1860, l'État, maladroitement cultivateur et impitoyablement fiscal, après avoir si longtemps, et sous toutes les étiquettes politiques, poussé à la dénudation, perçoit un jour les effets de sa faute : pour les réparer, il expropriera purement et simplement le propriétaire du sol torrentialisé qui n'a pas été plus avisé que lui. D'ailleurs, si le reboisement est directement exécuté par le propriétaire subventionné, son successeur, ou lui-même peut-être, reste libre de recommencer le jeu alternatif du boisement et du déboisement..., toujours avec le concours de l'État!

A un autre point de vue, rien ne précise où devait commencer, dans la pensée du législateur, la limite des «terrains inférieurs» que la loi pensait garantir des «dangers» torrentiels? Nombreuses sont les «pentes», plus nombreux encore les «sommets» de nos montagnes, qu'il est absolument inutile de chercher à reboiser, parce qu'ils n'ont jamais été boisés mais simplement gazonnés, ou qu'ils furent toujours roches nues, escarpements ou glaciers.

Aussi, le puéril essai législatif de 1860 dut-il être paraphrasé par la loi du 8 juin 1864 sur le «*gazonnement* des montagnes». Au point de vue cultural, le principe nouveau, destiné à séduire le berger, était de substituer dans une certaine mesure «les travaux de gazonnement aux travaux de reboisement». On renonçait à boiser des «sommets»! Aussi les propriétaires «périmétrés» s'empressèrent-ils de délaisser le reboisement pour le gazonnement. On ignorait encore, à cette époque, que les hautes pelouses dégradées ne se reconstituent qu'à l'abri des clairs bois, que «pour refaire des alpages, il faut réinstaller des arbres» (Flahault).

Au point de vue économique, les conditions spoliatrices de la loi de 1860 étaient peu changées (art. 3): «Les communes et établissements publics peuvent s'exonérer de toute répétition par l'État des frais de reboisement ou gazonnement, en abandonnant, soit la jouissance temporaire de moitié au plus des terrains gazonnés, soit la propriété du quart au maximum des terrains». Des conditions analogues étaient prescrites, pour les terrains particuliers. Ainsi par quadripartitions successives, l'État pouvait finir par devenir propriétaire du sol de nos régions sylvo-pastorales[1]; car il n'y a aucune illusion à se faire sur le sort qui attendait plus tard les terrains restaurés et réintégrés entre les mains de leurs propriétaires, c'est-à-dire soumis à nouveau au vampirisme et aux déprédations qui les avaient ruinés une première fois.

Notre législation s'acheminait ainsi progressivement et par suite d'une série d'incohérences, vers la mainmise par l'État, vers la nationalisation du sol montagneux : «l'ultima ratio» de la loi du 4 avril 1882 sur la *Restauration* et la *Conservation* des terrains en montagne devait la consacrer explicitement. Si nombreuses qu'aient été les analyses de cette dernière législation, il est indispensable d'en fournir ici une critique qui, à certains points de vue, ne paraît pas avoir été faite.

[1] C'est un des procédés d'étatisation du sol, préconisé aujourd'hui par certains agrosocialistes (E. Vanderwelde). *Le Socialisme et l'Agriculture*, 1906, p. 90.

Le principe de l'exécution des travaux de restauration du sol par et aux frais de l'État (art. 4, § 1) est entièrement juste et consacre un progrès économique considérable sur les législations antérieures, mais au point de vue préventif, la loi reste, comme ses devancières, entièrement vaine.

Elle n'est pas plus efficace au point de vue technique. L'obligation d'attendre que les dangers issus de la dégradation du sol soient devenus «nés et actuels» (art. 1); l'impossibilité matérielle d'apprécier où, quand et comment se décèleront ces «dangers»; s'ils doivent s'attaquer aux personnes ou aux choses, de près ou de loin; compromettre les intérêts du montagnard qui prétend que «les torrents font la richesse de ses vallées»; les intérêts «présents ou prochains des propriétaires, État, communes ou particuliers» qu'il faudrait, paraît-il, chercher avant tout à satisfaire (E. Briot) et qui sont parfois en antagonisme; ceux du cultivateur de plaine qui voit tarir ses canaux d'irrigation, et s'expatrie; ceux du navigateur qui s'ensable; ceux des usines qui chôment faute d'énergie motrice, ceux de l'agglomération qui se contamine faute d'eau potable...; le fait établi trop souvent que la plupart des catastrophes torrentielles récentes ont précisément éclaté au voisinage, quelquefois sur les rives mêmes de terrains périmétrés, mais aux emprises insuffisantes; les édifications hâtives, coûteuses, inefficaces et justement critiquées[1], qui s'accumulent dans certaines vallées alpines, tout cet ensemble de faits complexes établit nettement aujourd'hui combien notre législation est restée imprévoyante.

Sur les 4,000,000 d'hectares que couvrent nos terres pauvres et que l'action sylvo-pastorale peut et doit soustraire aux influences torrentielles, on a, de 1845 à 1905, réduit l'étendue à restaurer, de 1,100,000 à 345,000 hectares[1]. Est-ce à dire qu'on ait restauré la différence? Il est plus juste de constater qu'on en a progressivement fait la proie du berger, au grand détriment de ceux qui peuplent «les terrains inférieurs».

[1] «Toute dépense de correction doit avoir comme contre-partie nécessaire une dépense de reboisement *capable de régulariser le régime des eaux* et de réduire la violence des crues. Il est certain que les travaux de fixation ne peuvent avoir de durée et, par suite, d'efficacité que si les surfaces reboisées dans le bassin amont ont une étendue suffisante.» (F. David.) On doit s'en tenir à cette formule générale et vague, qui sera précisée dans l'application pour chaque bassin torrentiel.

« En regard de l'action sylvo-pastorale il faut compter avec les forces contraires de la nature et surtout avec les progrès inverses des déboisements qui, si l'on n'y met ordre, causeront dans le même temps plus de ruines que les travaux de reboisement ne permettront d'en prévenir ou d'en réparer ». (F. David.)

En 1904, tout en déplorant la dévastation industrielle de nos châtaigneraies, on s'est déclaré impuissant à l'entraver (Ruau).

Les progrès de la déforestation échappent aujourd'hui à toute statistique, tant ils marchent à pas de géant! En plaine, ils sont en grande partie déterminés par les « réalisations forestières[1] » que provoquent les projets de législation fiscale actuels. Aucune loi ne défend, jusqu'ici du moins, de manger son blé en herbe ou de transformer un capital qui, sous sa forme spéciale, se prête plus que d'autres aux emprises fiscales. Il ne convient sans doute pas à certains grands propriétaires forestiers de gager les impôts projetés. Reste à savoir si on réussira mieux à entraver la déforestation de nos grandes forêts de plaine, quelque importance qu'elles puissent avoir au point de vue économique[2], qu'on n'a réussi jusqu'ici à en-

[1] P. Baudin, *Sous la hache.* Le *Journal* du 8 février 1908.

G. Huffel, *Associations forestières.* Revue des Eaux et Forêts, 16 décembre 1907.

H. Defert, *Dilapidations et reconstitutions forestières.* Bull. T. C. F. Janvier 1908.

À peine 70,000 hectares, sur les 85,000 hectares de pineraies reconstituées en Sologne, il y a 15 ans, subsistent encore, on se demande pour combien de temps (L. Labbé. *Bulletin soc. d'Agriculture du Cher*, 1908, II, p. 88.)

[2] Depuis plusieurs années, le rendement de nos forêts domaniales en argent est en progression très marquée sans que leur étendue et leur rendement en matière ait sensiblement varié :

Il était :

En 1896 de	30,056,168 fr.
1897	30,681,881
1898	30,783,408
1899	30,893,486
1900	33,140,592
1901	34,269,208

La valeur de nos importations en gros bois, les plus rares, qui demandent plus d'un siècle pour arriver à maturité, a plus que doublé depuis 50 ans.

Elle était :

En 1854 de	50,300,000 fr.
1863	99,700,000

A ces époques, nous vendions des forêts pour améliorer notre navigation et

traver la dénudation des montagnes dont le rôle intéresse si étroitement la sécurité et la prospérité publique!

En 1904, la répartition du sol boisé en France était la suivante :

I.	Forêts de l'État		1,155,788 hect. (1).
II.	Forêts des communes et établissements publics :		
	a. soumis au rég. forestier	(2) 1,937,905	2,235,757
	b. non soumis au rég. forestier	297,852	
III.	Forêts des particuliers		6,217,090
	TOTAL		9,608,635

«... Depuis 1882, dans aucune commune de montagne, il n'a été possible d'appliquer la moindre réglementation. Les dispositions des articles 12 à 15 de la loi n'ont pu entrer en pratique par suite du mauvais vouloir des municipalités; la Commission qui devait se substituer aux Conseils municipaux récalcitrants ou négligents, renfermant une majorité de représentants des *intérêts locaux*, n'a jamais fonctionné.» (F. David.) Ce n'est pas d'aujourd'hui et dans les seuls pays vinicoles, que les municipalités se sont mises en grève contre la loi!

III. Quel accueil les populations montagneuses firent-elles aux mesures d'expropriation de la loi de 1882?

C'est dans les Pyrénées que cette loi subit son premier échec.

En 1888, le jury d'expropriation des Pyrénées-Orientales refusait de visiter des vacants à exproprier et en fixait la valeur au chiffre extravagant de 4,000 francs l'hectare; les terres valaient de 40 à 80 francs! Non sans peine, l'État put faire casser une décision qui l'eût mis en fort mauvais cas. Un nouveau jury ramena l'évaluation au chiffre encore très exagéré de 260 francs. L'État se l'est tenu pour dit, et les Pyrénées restent depuis à l'index de l'œuvre de la restauration des montagnes. Quelques années plus tard, dans le haut Allier, on a prudemment battu en retraite

notre hydraulique! Aujourd'hui, que nous nous essayons plus justement à faire le contraire, nous importons pour 135,000,000 de francs de gros bois! Dans 40 ou 50 ans, le monde entier sera en proie à la disette de ces gros bois (A. Mélard).

(1) 250,000 hectares improductifs.

(2) 110,000 hectares improductifs.

devant le « barrage » pastoral[1]. On s'est résigné à attendre que le montagnard ait acquis une notion plus nette de ses devoirs vis-à-vis de l'intérêt public! La discussion qui eut lieu récemment au Sénat sur l'état d'âme du montagnard de Chalmazelles montre combien est rebutante la pénétration de certains milieux pastoraux[2].

Dans les Cévennes, l'œuvre très localisée n'a pu être poursuivie que grâce à des circonstances économiques spéciales qui lui permirent de surmonter les obstacles pastoraux et électoraux.

Dans les Alpes, il y a pléthore d'offres de terres pauvres appartenant à des populations miséreuses hallucinées par le mirage administratif de la colonisation ou les aléas de l'expatriation.

En fait, l'Etat se trouve exproprié du droit qu'il s'est arrogé de nationaliser les terres montagneuses. Il conserve bien la faculté de nationaliser les terres pauvres, là où les populations lui multiplient l'offre de ces terres dont la nature les exproprie violemment, mais il est pour ainsi dire *déchu du droit de créer des périmètres de restauration là où l'exige l'intérêt public*. Les allocations budgétaires annuelles s'utiliseront toujours, mais d'une façon intensive et ultra-localisée, en travaux de façade, aux « effets immédiats et frappants ». Le berger-électeur ne se plaindra jamais d'entasser les moellons, il se refuserait obstinément à semer et à planter : d'ailleurs aujourd'hui, c'est surtout la main-d'œuvre étrangère qui exploite les chantiers de restauration du sol dépeuplé de français, c'est elle qui draine une bonne partie des allocations budgétaires.

Quelle orientation précise peut-on tirer des discussions actuelles? Au point de vue technique, le Rapport fait au Sénat par M. Jean Dupuy, sénateur, rapporteur du Budget de 1908, rappelle (page 73) que la loi du 4 août 1882 « présente des périmètres restreints, limités, suivant les termes de l'article 2, aux terrains sur lesquels les travaux de restauration sont rendus nécessaires par la *dégradation du sol et des dangers nés et actuels* ». C'est la confirmation formelle d'une thérapeutique que 25 ans d'expériences faites des Alpes aux Pyrénées, que l'unanimité des techni-

(1) *Journal officiel* du 8 novembre 1904. Débats, Chambre, p. 894.

(2) *Journal officiel* du 19 janvier 1907. Débats, Sénat, page 136. — Voir aussi Fernand David, *Rapport* sur le Budget de 1908. Ministère de l'agriculture, p. 145.

ciens les plus autorisés a condamnée en France et à l'étranger[1].

Au point de vue économique, nous sommes absolument édifiés par un rapport très explicite :

«Il ne faut pas se bercer d'illusions. Si l'on veut que l'œuvre du reboisement fasse des progrès sérieux, il faut, sans cesser la propagande commencée, que l'État prenne la tête du mouvement, *qu'il achète des terres incultes et improductives* et qu'il les boise pour son compte. Les communes, les établissements publics, les associations et les particuliers suivront à leur tour son exemple.

«Malheureusement, la loi du 4 avril 1882 n'oriente pas les pouvoirs publics vers l'acquisition, même à l'amiable, des terrains à reboiser en dehors des périmètres torrentiels...... On ne peut que subventionner les travaux de cette nature entrepris par les communes et les particuliers et l'on sait qu'on n'arrive pas à dépenser pour cet objet plus de 30,000 francs par an pour toute la France, c'est-à-dire presque rien.

«Il est donc indispensable de revoir, sur ce point, la loi de 1882 et de donner à l'administration forestière *le droit d'acquérir tous les terrains* dont le reboisement lui paraîtra nécessaire, tant pour régulariser le débit des cours d'eau que pour prévenir les érosions et maintenir en état de fraîcheur, de fertilité et de bon engazonnement les surfaces pastorales les moins déclives et vraiment productives[2].»

Les discussions parlementaires ne soulignent que trop le désintéressement des Pouvoirs publics vis-à-vis de la Question des montagnes : elle en est restée où Cézanne l'avait laissée, il y a 35 ans. On fuit les responsabilités, on se refuse à discuter des programmes, on se dérobe systématiquement aux initiatives trop pressantes, on vote hâtivement un crédit annuel que quelques imprudents seuls s'avisent de contrôler. Parfois, à bout d'arguments, on escompte pompeusement «l'éducation du montagnard»[3] pour conjurer des dangers nés et actuels ! Qui ne se pique aujourd'hui d'être éducateur ? «L'opposition du montagnard au reboisement, écrivait-on, il y a 25 ans, vient de ce que l'esprit de la Révolution de 1789 n'a pas encore suffisamment pénétré en montagne... il faut éclairer

[1] Dr Franckhauser, *Schweiz-Zeitschrift für Forstwesen*, 1904, p. 213.

[2] F. David, Rapport sur le Budget général de l'exercice 1908. Ministère de l'Agriculture, p. 145.

[3] *Officiel* du 19 janvier 1907. Débats, Sénat, p. 134.

le montagnard sur ses droits. . . » (Tassy). Le droit pour le paysan c'est l'intérêt «personnel et immédiat» ; il peut ignorer que la Révolution de 1789 lui a donné une terre taillable et corvéable à merci, il n'en a cure; il sait qu'il est *le nombre* en montagne, que la «loi du nombre» est consacrée depuis 50 ans, on n'a jamais cessé et on ne cesse pas de le répéter à «ces braves gens». . . S'il n'est pas éclairé sur ses droits, quand le sera-t-il ? Sait-il seulement qu'un droit comporte nécessairement des devoirs ?

L'éducation pastorale n'a cessé jusqu'ici de barrer la route à l'action publique restauratrice, et ce peut être l'aspect de cette muraille qui a fait naître dans certains esprits la pensée de tourner l'obstacle en *réappropriant à l'État* des terres qui sont ruinées par le berger et menacent aujourd'hui la sécurité publique [1].

Après avoir mis un siècle pour confirmer au berger qui l'occupe et l'exploite, l'appropriation du sol de nos montagnes, le pays n'hésiterait pas à tout remettre en cause, à courir la pire des aventures culturales en amorçant la *socialisation du sol!* Elle commencera par les terres pauvres des montagnes, mais il n'est pas douteux qu'elle en englobe d'autres plus enviables, suivant les programmes esquissés au Parlement en 1897, rappelés en 1906 et formulés définitivement par M. Jaurès à la Chambre le 11 juin dernier [2]. Ainsi, l'Etat qui s'est toujours défendu en France de faire de la loi agraire se trouvera fatalement conduit à cette extrémité.

IV. Cette forme «d'appropriationnisme» du sol figure bien au programme socialiste contemporain, mais à titre de variante transactionnelle, celle de l'*expropriation avec indemnité.* D'ailleurs, ceux qui devaient se faire les apôtres du Retour à la Terre, ne préconisèrent-ils pas eux-mêmes jadis l'expropriation du sol pastoral [3] ? Plus tard, en 1906, les Pouvoirs publics exposaient que l'État,

[1] A notre époque, au pays des pastorales, dans cette Attique, qui fut le centre intellectuel le plus raffiné du monde, «les forestiers sont un peu comme les médecins du moyen âge, ils passent pour sorciers. . . ». (M. Samos, *Congrès International de 1900*, p. 663.)

[2] *Officiel* du 12 juin 1907. Débats, Chambre, p. 1286-1287.

[3] Le 25 novembre 1883, le Ministre de l'agriculture, sollicité par le Conseil général des Alpes-Maritimes de résoudre la «question des bandites», ne trouve d'autre solution que «l'acquisition par l'État, en vue du reboisement, d'une partie des propriétés grevées du *droit de bandite*». I. Guiot, *Les droits de bandite dans le comté de Nice*, 1884, p. 124.

malgré les progrès de la dénudation, ne peut multiplier les périmètres : «l'Administration n'ayant la possibilité d'en créer que là où il y a danger né et actuel.» C'est l'impasse, et la nationalisation du sol n'est pas une solution.

D'ailleurs, l'État peut-il répondre que, la restauration sylvo-pastorale une fois faite sur les terres dont il va précipiter la liquidation, il ne sera pas bientôt forcé de laisser couper, pâturer, incendier, piller de mille manières et sous mille prétextes les forêts et les pelouses qu'il va restaurer aujourd'hui ? Peut-on prévoir aux mains de quelle puissante Compagnie fermière, de quel groupement électoral, de quel syndicat de fabricants de pâte de cellulose, d'acide gallique, etc., l'engrenage des lois sociales conduira les terrains accaparés ainsi par l'État et dont la réalisation sylvo-pastorale sera bientôt faite [1] ?

La revision du Code forestier, commencée «dans un esprit libéral. . . » [2], a déjà mis en appétit le troupeau, et rien jusqu'ici n'est projeté pour arrêter la dévastation des châtaigneraies, la «réalisation» des massifs forestiers aussi bien dans certaines vallées torrentielles des Pyrénées [3], que dans le Morvan, dans la vallée de la Loire, en Lorraine et ailleurs.

Mais ce n'est pas tout. Le texte législatif invoqué par la loi de 1882 pour consacrer la nationalisation du sol montagneux est la loi commune du 3 mai 1841. Or, à cette époque, aucun courant sylvo-pastoral n'était dessiné en France, tout au contraire. Les idées étaient à la culture extensive, aux grands travaux publics : forêts et pelouses en faisaient les frais. Tous, État, communes, particuliers demeuraient encore hallucinés par le principe d'absolue liberté culturale qui, au dire d'illustres économistes, «avait ouvert devant nous une carrière indéfinie de prospérité» [4]. Malthus croyait

(1) J. Méline, *Le Reboisement et les Caisses ouvrières*, journal *La République Française*, 29 novembre 1904.

J. Roche, *Le Charlatanisme parlementaire et les Retraites ouvrières*, ibid., 14 février 1907.

Audiffred, *L'achèvement des voies navigables du bassin de la Loire*, 1906.

(2) C. Guyot, *Réflexions sur la nationalisation du sol forestier*, 1906.

(3) L.-A. Fabre, *Les incendies pastoraux et les Associations dites forestières dans les Pyrénées*, 1904.

(4) L. de Lavergne, *De l'influence de la Révolution française sur l'agriculture*, 15 novembre 1858, *Revue des Deux Mondes*. — Id., *L'économie rurale en Angleterre. L'Écosse*, ibid, 15 juin, 15 juillet 1870, etc.

avoir mathématiquement résolu le problème du peuplement du sol. On aliénait les forêts, on en réalisait le matériel, on incendiait au besoin, on dénudait sans trêve ! Dans un enfièvrement universel de grands travaux, et pour creuser des ports et des canaux, pour endiguer des rivières, on dilapidait un capital millénaire qu'il faudrait reconstituer aujourd'hui pour rajeunir les mêmes travaux, qui ne répondent plus aux nécessités actuelles.

Pour ce qui était de l'exode rural, dont le mot n'existait pour ainsi dire pas encore, on aurait volontiers fait l'apologie des évictions britanniques. Cette puissante race de «Yeomen», qui rompit jadis la muraille de fer de nos chevaliers à Poitiers, Crécy et Azincourt, ne trouvait plus guère pour la défendre en Angleterre que les princes de l'Église. Affamés par les «bills d'inclosures», les «nettoyages» et les odieuses évictions, les paysans fuyaient les champs envahis par le mouton : on sait quel fut, dans les Highlands, comme partout, le ravageur du sol [1]. Le marécage et la bruyère, ces deux impitoyables conquérants des sols siliceux, froids et imperméables, prirent pour longtemps la place du yeoman expulsé : ils la tiennent encore !

Il est certain que si Léonce de Lavergne et Barral qui se firent, pour nos Alpes, les apologistes de la restauration du sol par le vide de sa population, pouvaient se prononcer à nouveau aujourd'hui, ils le feraient avec plus de réserve que jadis, sinon tout autrement. Actuellement en effet, le gouvernement britannique, instruit par des expériences aussi malencontreuses que démonstratives et par d'autres faits actuels, ne cherche plus à dépeupler les «congested districts» de l'île d'émeraude. Ce n'est pas non plus aux spéculations collectivistes ou étatistes qu'il recourt pour défendre ses prolétaires irlandais contre les «middlemen», contre l'éviction et l'absentéisme : mais il s'efforce d'organiser une coopération agricole généreuse et éclairée; de faciliter l'accès du tenancier à la propriété du sol; de développer chez lui l'esprit d'initiative, de self help, de responsabilité. Toutes les dispositions de la loi agraire de 1903, loin d'envisager l'expulsion du prolétaire agricole, tendent à faciliter son enracinement à la terre, à lui apprendre à utiliser son sol, sans en abuser.

(1) Marcel Hardy, *La végétation des Highlands d'Écosse*, Annales de Géographie, 15 mai 1906.

C'est avec «l'arbre d'or» et non par le dépeuplement, que nous avons transformé l'immense étendue de nos landes gasconnes et solognotes au XIXe siècle, et régénéré leur population.

Ce n'est pas en organisant «l'émigration de la faim» qui dépeuple les terres appauvries et aridifiées des Pouilles de Calabre et du Basilicate, que le gouvernement italien cherche à parer à la décrépitude de sols fertiles jadis, mais ruinés par la dénudation et le surmenage cultural : c'est par l'effet de lois sylvo-pastorales protectrices, par la restriction énergique du «droit à l'abus» du sol [1].

Dans les arides karstiques, c'est par l'appropriation du sol, là où les conditions physiques permettent encore cette appropriation, qu'on a lutté contre le désertisme et le mouvement rurifuge.

L'Espagne elle aussi lutte contre le fléau de l'émigration. Son gouvernement cherche à organiser «la colonisation à l'intérieur», sur les hauts plateaux désertisés par les mérinos de l'ancienne Méseta. Il ferait à coup sûr bien mieux d'y installer des forêts que des colons, s'il voulait suivre sa «politique hydraulique».

Il est bien certain que dans la période de lutte économique et industrielle qui s'organise partout aujourd'hui, nulle nation ne peut être assez démente pour faire bon marché des bras de ses travailleurs, fût-ce au profit de ses colonies. Jusqu'à un certain point, dans les pays où il y a pléthore de bras, en Russie, en Allemagne, en Italie, en Chine, au Japon, on peut se résigner à cet exode, le considérer comme le «mal nécessaire», l'encourager même. Il ne saurait en être ainsi en France où chaque année la rareté de la main-d'œuvre indispensable à nos récoltes pose des problèmes de plus en plus difficiles à résoudre; où certains de nos grands chantiers sont presque exclusivement alimentés par des étrangers; où, comme nous l'avons vu précédemment, la croissance relative de la masse de la population est en complète défaillance; où il y a disette incontestée de «matière émigrante» (R. Gonnard).

(1) Lois des 26 juin 1902, Décret du 1er janvier 1903, Loi du 25 juin 1906, etc. — De 1881 à 1891 l'émigration permanente en Basilicate a été de 200.000 personnes : «une grande partie des améliorations économico-agricoles devront être obtenues par le reboisement. On doit invoquer l'application d'une loi sévère non seulement pour la zone supérieure au châtaignier, mais encore pour celle inférieure où les conditions topographiques ne permettent pas d'autres cultures que celles du bois». (D. Bellini, 1903.)

Parmi les causes de l'émigration italienne, les économistes signalent les «déplorables déboisements qui ont modifié les eaux du pays». (R. Gonnard.)

Le jour où sera réalisé l'entassement des populations urbaines, dans les conditions d'hygiène, de sociabilité, d'aisance et d'harmonie que rêvent certains économistes et sociologues; où l'État monopolisateur des initiatives de chacun, extincteur du paupérisme, organisateur de l'égalisme, assurera le bien-être universel, au moyen de vastes usines sociales «déléguées sous des conditions déterminées à des individus ou à des groupes d'individus» (Jaurès), l'État aura toute latitude pour faire le vide dans les régions à terres pauvres, par expropriation avec ou sans indemnité..., par nationalisation du sol ou tout autre moyen. La difficulté sera bien d'y installer les «ateliers nationaux» de restauration, nécessaires pour permettre le pullulement des grands centres à l'abri des inondations, pour assurer l'irrigation des plaines, le fonctionnement régulier des usines à houille blanche, etc. Car pendant les longues années qu'exigeront la réfection et la réarmature du sol, la montagne dénudée ne cessera d'être un danger pour la plaine. Dans les régions torrentielles de la haute Autriche, on a ingénieusement résolu le problème en employant, avec succès, paraît-il, les forçats aux travaux de consolidation du sol [1]. Il faut peut-être aussi compter que, quand le monde actuel aura évolué vers celui de l'Utopie, les torrents, spontanément assagis, seront devenus de tranquilles pactoles ou des ruisseaux de lait...

En attendant, l'humanité se trouvera, et vraisemblablement pendant de longs siècles encore, aux prises avec les réalités de la dénudation, avec ses dangers, nés, actuels et progressifs; contre eux, l'émigration montagnarde et la nationalisation du sol qui la provoque sont des remèdes inefficaces.

Au lieu de redouter la dépopulation de nos montagnes convient-il avec certains auteurs d'entrevoir dans l'exportation volontaire ou étatiste de nos Alpins, une solution économique au problème de la Restauration des Alpes? L'État distribuant des pacotilles d'émigration dans nos terres pauvres, «dotant les émigrants des capitaux nécessaires pour assurer absolument leur succès là où ils s'établiraient, s'épargnerait les frais énormes que coûtent aujourd'hui les expropriations, les corrections de lits, la défense des routes, ponts,

(1) *L'endiguement des torrents en Autriche,* Vienne, 1900, br. 28, 1. 16.
La plus grande partie de la main-d'œuvre employée dans nos chantiers de reboisement est d'origine piémontaise. C'est vers l'étranger que se draine la masse des crédits alloués pour la restauration des Alpes françaises.

maisons, etc.» (E. Briot). Le torrent qui, au dire des Savoyards, fait la richesse des vallées, se trouverait faire aussi la prospérité de nos colonies! Quelle révolution culturale... et sociale!

Mais d'abord quelles limites territoriales donner à la zone d'émigration administrative, où naîtrait ce courant susceptible, paraît-il, d'augmenter le prestige... et la natalité en France? Comment pourvoir à l'administration, aux communications, à l'alimentation même de ceux qui ne voudraient pas partir..., à leur sécurité. Car, si les torrents finissent toujours par s'étendre, ce que nul n'ignore, ils y mettent souvent le temps! Pour s'épargner aujourd'hui des frais «énormes», pense-t-on que ceux de demain le seraient moins? Si fiscal doive-t-il devenir, comment fera l'État, privé des bras qu'il va exporter, pour subvenir aux frais de l'exploitation la plus rudimentaire sur les territoires ainsi mis en interdit?

Comment conservera-t-il des territoires comme la vallée de la haute Ubaye, où la nationalisation du sol aura dénationalisé les populations?

Au lendemain de «l'année terrible», il fallait donner des terres aux Alsaciens-Lorrains. On leur en trouva en Algérie en expropriant les Arabes! C'était sommaire; on venait de nous apprendre que la force primait le droit. Mais aujourd'hui, et sur le territoire métropolitain, il ne saurait plus en être ainsi. Nous devons à la Révolution Française la réalisation d'une grande idée sociale, sinon culturale, l'appropriation du sol à celui qui le cultive. L'État ne saurait plus revenir sur cette appropriation.

La loi de 1841 n'a pu envisager les travaux tout spéciaux de la Restauration des montagnes parmi les Travaux publics, pour lesquels elle investissait l'État du droit d'expropriation. Et c'est par une erreur manifeste que le législateur de 1882 a pensé pouvoir appliquer cette loi de 1841 à des «faits nouveaux», que son auteur n'avait pu envisager, parce qu'ils ne lui avaient jamais encore été signalés.

L'expropriation du sol est la pire des mesures d'exception, c'est un «remède de Cannibale» (Stolypine). Elle ne saurait à aucun titre passer pour un progrès social. L'Etat doit prévenir la ruine du sol qu'il a approprié, sans l'arracher à celui qui le tient: c'est une proie que son impersonnalité et son irresponsabilité l'obligeront bientôt à rendre à de plus avisés. Des siècles d'histoire et de sanglantes luttes agraires le prouvent.

Aussi, l'émotion fut-elle profonde, quand le vibrant appel de Sienkiewicz protesta naguère devant le monde civilisé, contre la germanisation du sol polonais par l'éviction de ses paysans.

Pour l'Allemagne prolifique, violente et pauvre, que ne menace pas la dépopulation montagneuse, ce procédé d'assimilation nationale et de «colonisation à l'intérieur» peut être opportun. La situation n'est pas la même en France, nos montagnards pyrénéens cherchèrent à nous le montrer il y a 20 ans : ils n'eurent pas entièrement tort.

IV

LA PROTECTION COOPÉRATIVE DU SOL.

Le principe de la «coopération» qui s'impose ici plus qu'en tout autre cas de misère sociale, a été formulé depuis longtemps : «Le socialisme attend tout de l'État ou de la commune, tandis que l'Association libre, dont le programme a été réalisé avant d'avoir été écrit, a accompli toutes ces choses (*coopératives*) par le seul effort de l'initiative personnelle et de l'activité civique. Cela est sorti de l'effort de tous; chacun a donné à l'œuvre commune ce qu'il pouvait donner, celui-ci son cerveau, celui-là ses bras, un autre son argent, tous leur cœur... [1]».

Ce «moindre effort» des physiologistes s'applique à tous les faits de sociologie. On doit y recourir largement pour entraver l'exode des montagnards.

I. Au cours de ces dernières années, il semble qu'on ait pris à tâche de dériver le pays de l'objectif sylvo-pastoral, de cette *question des montagnes* si bien posée jadis. Sous couleur de restaurer le sol montagneux, nous y avons entassé parfois des maçonneries ruineuses, nous l'avons «truqué» par mille artifices [2], oubliant qu'au cours de cette technique byzantine, le berger brûle et saccage, l'usine dénude et volatilise, le syndicat coupe et exporte une matière première et des énergies que le passé nous a léguées et que nous serons impuissants à régénérer dans l'avenir.

[1] *Officiel* du 11 juin 1897. Débats, Chambre. Discours de M. Deschanel, p. 1944.

[2] P. Girardin, *L'accroissement de la Torrentialité en Savoie*. Bordeaux. Féret, 1908.

On a justement exposé au Parlement[1] en 1906, à propos de la Restauration des montagnes, que «ce n'est pas une question de crédit qui se pose devant la Chambre; si elle veut faire quelque chose d'utile comme cela est nécessaire..., c'est la législation qu'il faut remanier». En 1907, on constate[2] que «chaque année, il reste des sommes disponibles sur les crédits alloués; 269,659 fr. provenant des fonds de 1905 n'ont pas été employés». D'où la nécessité d'un aménagement de nos dépenses et d'une technique des travaux plus appropriés à l'effort sylvo-pastoral.

Je ne signale qu'en passant la surenchère des rendements sylvicoles organisée par les lanceurs «d'affaires de reboisement». Le souvenir de la déconfiture de la *Société générale forestière de France*, survenue en 1873, un diminutif de l'Affaire de Law, inspirera sans doute aux hésitants une salutaire prudence, que les appréhensions financières actuelles ne peuvent que confirmer. D'ailleurs, la facilité avec laquelle la spéculation étrangère réussit aujourd'hui à déboiser nos forêts, à nous arracher un matériel de guerre économique que nous ne remplacerons pas[3], à précipiter un exode des

[1] *Officiel* du 28 novembre 1906. Débats, Chambre, p. 2730.

[2] *Officiel* du 19 novembre 1907. Débats, Chambre, p. 2306.

[3] C'est la première manifestation bien nette d'une «Crise ligneuse mondiale» annoncée depuis longtemps (A. Mélard, *Insuffisance des bois d'œuvre dans le monde*, 1900). Le développement contemporain de l'industrie sidérurgique, des exploitations de mines, des usines de cellulose, de produits tanniques, raréfie de plus en plus les «gros bois», dont la production est fonction d'un facteur intangible, le temps. C'est sur les forêts françaises que les syndicats internationaux d'accaparement de ces gros bois se sont orientés tout d'abord.

En 1904, la valeur de nos importations ligneuses dépassait de 135 millions de francs celle de nos exportations : nous étions tributaires de l'étranger pour 75 p. % de la valeur des bois qui nous étaient nécessaires. La pâte de cellulose seule contribuait à ce déficit pour 32 millions de francs, l'équivalent du produit de nos forêts domaniales. La «défense de nos forêts» est donc plus que jamais aujourd'hui d'ordre public : la solution pourrait être la «nationalisation» des forêts particulières en danger d'être accaparées par l'étranger. Cette nationalisation, très localisée et restreinte à des territoires boisés, n'aurait pas les inconvénients qu'elle présente en terrains sylvo-postoraux. L'Etat belge vient de nationaliser la forêt de Colfontaine (525 hectares) acquise au prix de 1,235,000 francs. «Une des pages les plus scandaleuses de l'histoire de la «bourgeoisie belge», écrivait Vanderwelde, est l'aliénation de la plus grande partie des «forêts domaniales sous le régime hollandais.» Les socialistes belges eussent sans doute préféré la socialisation de cette forêt, pour parer à la crise ligneuse, comme ceux de France préconisent la socialisation des vignobles du Midi pour parer à la crise viticole!

capitaux légitimement apeurés, montre combien peu le «bas de laine» est disposé à semer et à planter du bois en France[1], fût-ce pour enraciner le paysan à sa terre, le montagnard à sa vallée! Exode du sol, exode rural, exode montagneux, exode des capitaux s'enchaînent. Pour conjurer tous ces maux, ce n'est pas aux flots du Pactole qu'il faut recourir; c'est sans doute encore moins à la *Grande compagnie fermière du reboisement* dont l'idée germa jadis en terre gasconne!

Les initiatives coopératrices se sont organisées peu à peu en France, dans un but commun, adapté aux intérêts généraux, permanents et lointains, du pays tout entier, qu'elles opposent, dans la mesure voulue et suivant les cas, «aux intérêts présents ou prochains des propriétaires, État, communes ou particuliers».

Études scientifiques et sociologiques des faits de dénudation; discussion et vulgarisation de ces faits dans les centres intellectuels, au sein des sociétés savantes; propagande par le livre, l'image, la leçon de choses; encouragements par l'éducation et aux divers âges; pénétration généreuse et désintéressée dans les milieux sylvo-pastoraux; participation directe à l'exécution des travaux; adaptation progressive de l'occupant des sols pauvres à la culture rémunératrice de ces sols; développement de son initiative, du sentiment de sa responsabilité, etc., tels sont les «moindres efforts» auxquels depuis plusieurs années se sont adaptés : la Société d'études de la *Loire navigable*, celle du *Sud-Ouest navigable;* les Sociétés des *Amis des arbres* et leurs nombreuses filiales; la *Société forestière de Franche-Comté et Belfort;* l'*Association centrale pour l'aménagement des montagnes* et ses filiales, et enfin le *Touring-Club de France* dont le nom se retrouve toujours aujourd'hui quand il s'agit de défendre la richesse et de pourvoir au développement esthétique du pays[2].

(1) Une somme de 100,000 francs est inscrite annuellement au budget pour subvention aux entreprises particulières de reboisement en montagne. Cette somme n'est jamais utilisée que partiellement, faute d'initiatives à seconder. C'est ainsi qu'en 1905, 16,506 francs seulement ont pu être dépensés (F. David, *op. cit.*, p. 392).

(2) Il convient de ne pas oublier ici la campagne de presse si vaillamment organisée «pour la forêt» dans un grand nombre de publications périodiques ou quotidiennes. On sait la part considérable prise par la Presse en 1866, dans l'échec infligé au «gros» ministère (Cézanne) partisan de l'aliénation des forêts de l'État. (*L'aliénation des Forêts devant l'opinion publique*, Rothschild, 1865, in-8°, 480 p.). La crise sylvo-pastorale actuelle a de grandes analogies avec celle des alié-

Chacun de ces groupements, bien qu'autonome, donne avec les autres des efforts concordants appropriés à l'objectif commun, la *Protection du sol.* Ces initiatives, ainsi coordonnées et parfois heureusement localisées, peuvent apporter à une législation qui ne saura jamais être appropriée à la grande variété des sols à protéger, les tempéraments et adaptations que comporte cette protection. La rigoureuse uniformité de notre législation montagneuse actuelle est une des causes essentielles de sa caducité.

Mais pour parer à la misère de nos montagnes, pour pouvoir imposer aux montagnards les obligations de solidarité sociale les plus élémentaires, le premier soin est de posséder du milieu montagnard une connaissance approfondie, de vulgariser les conditions de la vie montagnarde. Pour cela, il faut reprendre, en l'étendant à la commune ou à un groupe de communes similaires et à leur territoire, l'étude des *Monographies* que l'école de Le Play a commencée en les limitant à la famille et au domaine familial [1] : il est évident que le cadre physiographique du milieu envisagé devra occuper une place importante dans le travail. Ces monographies ainsi établies seront certainement accueillies dans tous les centres d'études économiques où elles constitueront comme un «Casier sociologique». Au point de vue sylvo-pastoral, elles seront la base de discussion de tout projet d'intervention de l'État.

On a magistralement commencé dans nos Alpes l'inventaire de nos richesses hydrauliques [2]; si depuis vingt-deux ans que nous nous essayons avec tant d'insuccès aux améliorations pastorales, nous avions préparé le même inventaire sylvo-pastoral, et la chose eût

nations, mais l'exode montagneux lui donne une tout autre importance : en tous cas, le mouvement d'opinion qu'elle suscite montre aussi bien sa gravité que le grand nombre de ses affinités sociologiques.

La Presse ne fait d'ailleurs que combattre «pro domo» en défendant la forêt. C'est au développement croissant des publications périodiques, journaux, revues, etc., qu'est dû en grande partie le pillage actuel des «gisements de pâte à papier». (L. A. Fabre, *La protection du sol*, p. 23.)

(1) On a justement reproché à Le Play son peu de souci vis-à-vis de la propriété forestière commune (L. de Lavergne, *Les ouvriers européens de M. Le Play.* [*Revue des Deux-Mondes*, 1er février 1856, p. 558].) Encore aujourd'hui, des esprits très éclairés critiquent les «règlements étroits» du régime forestier (Butel, *op. cit.*, p. 64) dans des régions montagneuses où l'application insuffisante de ce régime entasse depuis quelques années les désastres torrentiels.

(2) R. Tavernier et R. de La Brosse. Voir *supra I.*

été facile, combien nous aurions utilement débroussaillé le maquis où nous nous égarons aujourd'hui! Houille blanche et protection du sol, sont fonctions réciproques l'une de l'autre; nul ne saurait le contester[1]. Il y a trente-cinq ans, ces deux formes, l'une énergétique, l'autre physiographique, de la même idée, étaient administrativement dissociées: aujourd'hui, un même toit les abrite, branchées sur un tronc commun. Comment n'a-t-on pas cherché à réassocier intimement leur moindre effort? Pour cela, il eût fallu saisir l'occasion, renoncer à des effacements devenus systématiques. L'ingénieur Cézanne n'y eût pas manqué!

D'ailleurs on conçoit que les *Travaux publics* ne soient plus disposés à rechercher la coopération, si indiquée cependant, de l'*Agriculture*. En 1879, M. de Freycinet, ministre des Travaux publics, proposa à son collègue de l'Agriculture de préparer « une entente entre les deux ministères pour les travaux de reboisement et de gazonnement du bassin supérieur de la Garonne, en vue de réduire l'importance des matériaux entraînés par le fleuve ». L'Agriculture voulut opérer seule. On commença des travaux qui déchaînèrent d'inoubliables tempêtes pastorales. Mis en déroute, le Service forestier dut sacrifier mieux qu'un plan de restauration, des travaux commencés, plus de 50,000 francs! « Il avait suffit d'un signe, sans doute à l'approche d'une élection, pour entraîner le Gouvernement à une aussi condamnable mesure..... On laissa les Pyrénées se mettre hors la loi » (E. de Gorsse), elles y sont restées!

Rien n'est plus complexe que l'économie sylvo-pastorale dans certaines régions montagneuses, dans les Pyrénées notamment. Des accords multiséculaires, parfois internationaux, à très longue portée dans le temps et dans l'espace, cherchent à assurer la jouissance paisible du sol. Comment prétendre résoudre de pareilles équations sociologiques, quand on n'en a jamais étudié sur place les termes essentiels? Et ils varient de vallée à vallée[2]!

(1) Premier Congrès de la Houille blanche. Grenoble, 1902. *Compte rendu*. Communication de MM. R. Tavernier, p. 174; Bravet, p. 245, etc.

Cᵗ Audebrand, La *Houille blanche*, 1904, etc.

(2) Voir le mémoire très documenté : *Statistique de la propriété communale dans la zone montagneuse du département des Basses-Pyrénées*, par M. le Cᵗᵉ de Roquette-Buisson, in *Bulletin mensuel de l'Office des renseignements agricoles*. Ministère de l'Agriculture, novembre 1907, p. 1388. Les conclusions sylvo-pastorales que l'auteur a tirées de son travail sont particulièrement intéressantes.

En pareille matière, les intentions les plus louables ne suffisent pas pour légiférer utilement.

On a dressé les actes mortuaires de Chaudun, Châtillon-le-Désert et autres communes rayées de l'état civil communal; si la monographie, le «Casier» de ces villages morts avait été établi quand on posait la «question des montagnes», on aurait pu sans doute parer aux causes scandaleuses de leur disparition. Il est vraiment temps d'aviser aux «Mariaud» qui agonisent dans nos «pays du mouton[1]»!

Mais il est évident que ces monographies doivent êtres exactes, sincères et complètes. On ne saurait les borner, comme on s'y est plu, à de sommaires et hâtives nomenclatures, monographies-fantômes, où figure seulement le feuillet de «l'avoir» sans mention du «doit» pastoral. Les deux pages du compte doivent être étalées, pour permettre de faire la balance.

Un programme de monographie est joint à cette étude (annexe I). Cet essai, le premier en date, croyons-nous, peut au moins servir de base de discussion[2].

II. «Le 4 octobre 1907, l'État prenait part à l'adjudication, pour la mise en ferme d'environ 5,000 hectares de pâturages, appartenant à la commune de Saint-Christophe-en-Oisans. L'Administration des Eaux et Forêts a été déclarée adjudicataire pour un prix annuel de 5,260 francs, et pour une durée de cinq ans. Ce prix sera payé moitié par l'État, moitié par diverses Sociétés intéressées : la Société du Canal de la Romanche; le Syndicat des Fours hydrauliques; les Syndicats des Digues de la Romanche; enfin l'Association Dauphinoise pour l'aménagement des montagnes. Cette bienfaisante opération aura pour résultat la *disparition d'environ 5,000 moutons transhumants*, qui, chaque année, dévoraient les pentes élevées du bassin de Vénéon. Elle était depuis longtemps réclamée par le Conseil général de l'Isère, les Syndicats de Défense de la Romanche et toutes les populations riveraines de ce dange-

(1) Les auteurs qui ont écrit «Le Pays du Mouton» ont parfaitement compris la nécessité de ces statistiques pastorales, même en Algérie.

(2) En exécution d'un arrêté ministériel du 13 juin 1885, instituant un «Service pastoral», on a bien formulé les cadres de ces monographies dont l'établissement devrait former la tâche essentielle de ce nouveau service. On ne s'en est jamais plus occupé!

	COMMUNES.	TERRAINS				
		COMMUNAUX.				
		ARIDES rochers, glaciers.	PELOUSES pâtures, vacants.	BOISÉS ou en boisement ou soumis à une réglementation protectrice.	PARTICULIERS.	DOMA…
	1	2	3	4	5	6
		hectares.	hectares.	hectares.	hectares.	hect…
Ariège.	Aston	311	4,208	209	10,255	
Haute-Garonne.	Melles	116	2,323	1,753	354	
	Oo	170	2,351	536	203	
Basses-Alpes.	Blégiers	730	2,052	287	3,291	3…
	Prads	1,182	4,051	787	631	
	Seyne	378	1,926	968	3,488	1,3…
Alpes-Maritimes.	Beuil	154	2,274	1,348	3,400	3…
	Saint-Dalmas-le-Selvage	125	5,507	1,183	600	5…
	Saorge	150	3,697	1,905	1,340	
	Sospel	159	1,875	589	4,300	

(1) A rapprocher du tableau VI.
(2) b. bovins (vaches, bœufs, etc.; — o. ovins (moutons, brebis; — s. bêtes de somme; — c. chèvres et…
(3) Hivernent dans les landes sous-pyrénéennes et les Corbières.

VIII[1].

TROUPEAUX[2]					
AUTOCHTONES.			TRANSHUMANTS		
NOMBRE d'habitants propriétaires de bestiaux. 7	NOMBRE et espèces de bestiaux. 8	SURFACE pastorale réservée aux bestiaux du pays. 9	LOCALITÉS d'hivernage. 10	NOMBRE et résidences des propriétaires. 11	NOMBRE et espèces de bestiaux. 12
		hectares.			
57	318 b. 663 o. 51 s. 64 c.	12,234	Foix, Saint-Girons.	11. Foix, Saint-Girons.	620 b. 8,700 c. 57 s.
72	320 b. 1,140 o.	2,422	Fos (Hte-Gar.).	7. Fos.	270 o.
49	329 b. (3) 3,000 o. 74 s.	2,430	Huesca (Espagne).	15 Espagnols.	2,000 o. 15 s.
55	74 b. 1,690 o. 18 s. 140 c.	3,000	La Crau.	2. Larches (B.-A.), Blégiers.	800 o.
65	14 b. 4,250 o. 2 s. 200 c.	500	La Crau.	1. Arles, 1. Prads.	850 o. 2 s. 3,400 o.
48	90 b. 1,050 o. 120 s.	1,700	La Crau.	2. Larches (B.-A.).	2,500 o. 2 s.
125	900 b. 700 o. 4 c.	2,600	Var, la Crau.	3. Var, La Crau.	350 o.
45	60 b. 1,400 o. 20 c.	4,540	Arles.	3. Istres, Arles.	550 o.
183	544 b. 1,910 o. 254 c.	4,500	Fontan (A.-M.) Bandites-de-Caïne, Baragne, etc. (A.-M.).	30. Fontan, etc.	91 b. 315 o. 82 c.
82	301 b.	2,742	Fontan, Tende (Italie).	8. Fontan, Tende.	1280 o. 510 c.

reux torrent. *L'Association Dauphinoise pour l'aménagement des montagnes* l'avait en dernier lieu sollicitée avec insistance. C'est un grand succès pour elle et pour tous ceux qui depuis longtemps en poursuivaient la réalisation [1]. »

Ce geste d'heureuse coopération, le premier que l'État ait tenté, vaut que nous nous arrêtions, et sur la *Transhumance Pastorale* et sur l'*Association* instigatrice du premier échec si opportunément infligé dans nos Alpes, à cette pratique culturale, archaïque et désastreuse.

En haute montagne, l'étendue des pelouses où vont estiver les troupeaux est généralement disproportionnée avec les locaux où les populations pastorales peuvent hiverner et approvisionner les troupeaux. D'ailleurs, la récolte des fourrages n'est possible que sur des étendues et pendant des époques restreintes. Pour utiliser les pâturages surabondants, la commune les loue à des propriétaires, souvent étrangers au pays, dont les troupeaux de moutons « transhument », hivernant au loin dans des arides de plaines : Crau, Camargue, garrigues languedociennes, landes des Corbières, de la haute Gascogne et même du Périgord. L'exode montagneux d'une part, qui réduit le nombre des propriétaires de moutons autochtones; l'accroissement des charges communes de l'autre, qui augmente la quote-part imposée aux habitants restés au pays, poussent au développement de la transhumance dont la caisse municipale perçoit les recettes : la dégradation seule des pelouses réduit ce mode de jouissance. Érosions ou glissements se produisent tôt ou tard sur des versants même peu déclives, sillonnés par le piétinement périodique de moutons surabondants.

Toute une littérature a poétisé la transhumance : la féodalité en tirait de gros profits en Provence et en Dauphiné. Seuls, au cours des temps modernes, les ingénieurs élèves de Vauban, qui travaillaient à désensabler le bas Rhône, trouvèrent à redire à cette coutume ruineuse pour nos vallées alpines. L'État-Providence, comme les anciens seigneurs provençaux et dauphinois, en a spéculé partout, et dans le Dauphiné, jusqu'au 4 octobre dernier, pour avoir.... la paix pastorale.

Afin de préciser sommairement quelques faits sur cette pratique pastorale, nous avons réuni au Tableau VIII ci-dessus quelques

(1) *Société forestière des Amis des Arbres.* (*Bulletin* de décembre 1907, p. 132.)

renseignements sur la composition, en 1907, des troupeaux d'un petit nombre de communes à transhumance, toutes situées en haute montagne, dans les Alpes et les Pyrénées.

Trois faits capitaux ressortent de l'examen de ce Tableau : 1° la proportion relativement faible des terrains dits «protégés» (col. 4), qui englobent indistinctement des broussailles clairsemées ou des forêts soumises au Régime forestier, ces dernières en infime quantité et pour quelques communes seulement; 2° la proportion considérable de moutons (ovins), qui constitue les troupeaux, particulièrement ceux transhumants qui en sont exclusivement formés (col. 8 et 12) : la substitution des bovins aux ovins réaliserait comme on le sait la plus précieuse des améliorations pastorales; 3° la nationalité étrangère des propriétaires de certains troupeaux transhumants (col. 11). Ainsi, dans la Haute-Garonne, si douloureusement éprouvée par les inondations de 1875 et 1897, c'est à des Espagnols propriétaires de 2,000 moutons, qu'est confiée l'exploitation des hautes pelouses d'Oo, à l'origine d'une des rivières les plus torrentielles des Pyrénées. Michelet, tant de fois cité, dit qu'en Espagne «le berger règne et dévaste le pays»..., que dans les Pyrénées, «la montagne attaquée dans son granite, s'ébranle, suit ses neiges, détruit ses cirques, comme elle a détruit ses lacs, et par l'Ebre, l'Adour et la Garonne fuit aux grandes mers...». A cette fuite, comme on l'a vu, participe le montagnard, et celui de la Haute-Garonne surtout, il ne s'arrête plus qu'en Amérique! On sait de plus[1], comme l'ont appris «ceux qui comprennent les nécessités de la politique», que ces mêmes montagnards comptent parmi les privilégiés au point de vue des subventions pastorales. Si encore, ces chaînes dorées les fixaient à leur sol! En tous cas, ce jeu de l'Etat-Providence ne saurait pallier aux méfaits des mérinos espagnols, tout aussi dévastateurs dans les cirques pyrénéens que sur les arides de la Méséta[2].

Un fait de même ordre se passe à Sospel (Alpes-Maritimes). Ce ne sont évidemment pas les seuls parmi nos communes frontalières : la publication des monographies sylvo-pastorales les eût fait connaître depuis longtemps.

Ainsi, la dénudation du sol montagneux nous prive non seule-

[1] *Officiel* du 27 décembre 1907. Débats, Sénat, p. 1332.

[2] Cavaillès, *La question forestière en Espagne*, Annales de Géographie, XIV, 1905, p. 318, 331.

ment d'une grande partie des frais de main-d'œuvre, que nous devons demander à l'étranger pour la culture, mais du fruit même de ce sol, spolié par ces mêmes étrangers.

Pour les 400,000 moutons transhumants, qui l'été vont dévaster nos Alpes et reviennent prendre leurs quartiers d'hiver dans la Crau (commune de Blégiers, Prades, etc.), l'intérêt «immédiat et personnel» des propriétaires est évidemment de prolonger l'état de choses actuel. On ne s'en cache pas et on constate volontiers que «le capital ainsi engagé rapporte 32 p. 100 en six mois, sans compter la valeur du fumier qui est très appréciable...». Aussi, fulmine-t-on contre «les *boisements à outrance* exécutés dans les Alpes par l'Administration des forêts», et fait-on valoir qu'au point de vue spécial du «fumier», l'élevage des ovins est dans le pays d'Arles «une excellente affaire» (1). E. Risler est d'un tout autre avis et en faisant le lamentable tableau de ce qu'il appelle «l'odyssée de la transhumance», il déplore les énormes pertes de fumier qui résultent du nomadisme des troupeaux (2).

Nous ne pouvons que signaler, sans insister comme le mériterait un pareil sujet, les influences désastreuses de la pratique séculaire de la transhumance. Moutons et chèvres sont des instruments de culture archaïque et dévastatrice du sol, de la *Dégradation de son énergie* (B. Brunhes). Ils eurent à tous les âges du monde, une part décisive dans le développement de l'aridité et du désertisme qui détermina les grands exodes de l'homme : «C'est à la recherche de l'eau que se firent les premières migrations humaines» (A. Duclaux). C'est l'incessant assaut du mouton, subi des Alpes aux Pyrénées, sous la brutale impulsion des pâtres, bayles, majorals et autres dignitaires de ces hordes ravageuses, qui a provoqué et perpétue la fuite lointaine des «barcelonnettes», des «américains», dont certains esprits cherchent à faire si grand cas! C'est en partie contre «l'inondation vivante» (J. Brunhes) des moutons, que le président Th. Roosevelt réclamait une «action fédérale énergique de tous les États de l'Union», dans son message au Congrès du 19 décembre 1901. C'est contre les propriétaires de moutons que

(1) Amalbert, *Élevage et exploitation des ovidés dans les Bouches-du-Rhône*. (*Bull. Soc. d'agriculture des Bouches-du-Rhône*, 1906, p. 207, 210, 241, etc.)

(2) E. Risler, *Géologie agricole*, III, p. 306, 307, etc. Voir, et dans le même sens : E. Marre, *Le Roquefort*, p. 43.

le Conseil fédéral helvétique trancha comme nous l'avons vu au début, un conflit politique d'origine pastorale en 1838.

Dans nos montagnes, partout où on se plaît à signaler des «dégradations spontanées du sol», il sera possible, en remontant dans le temps, de retrouver le fait passé de la chèvre et du mouton aiguillonnés par le berger [1] : un incident, météorologique ou autre, détermine un jour l'érosion sur un terrain mis en état de réceptivité torrentielle par le troupeau et où l'ulcère était depuis longtemps en incubation. L'eau peut dégrader le sol, mais sa fonction essentielle est de le vivifier, d'y pourvoir aux enracinements de la plante et de l'homme [2].

La transhumance pastorale doit disparaître de nos montagnes. Si c'est encore un «mal nécessaire» (?) dans certaines régions dépeuplées comme la Lozère, d'où le mouton a expulsé le montagnard, il faut mettre les traitants de la transhumance, «l'aristocratie pastorale» de jadis (Tassy), en demeure de solder au pays les justes retours qu'ils lui doivent.

Faisons au mouton, utilisateur précieux, mais aussi dévastateur, des terres pauvres ou appauvries, la place qui lui convient, mais restreignons-la-lui progressivement, pour y installer d'autres auxiliaires moins dangereux et plus rémunérateurs [3]. La Suisse nous a montré la voie depuis 70 ans.

(1) Dans quelques années, quand les usines et les troupeaux auront détruit les derniers châtaigniers, on perdra le souvenir de leur existence et on en arrivera à écrire par exemple, que «dans l'Ardèche, les parties non boisées du bassin ne sont pas boisables» (Léchalas)! Le 18 janvier 1906, le Gouvernement a dû déposer un projet de loi déclarant d'utilité publique les travaux de restauration à exécuter dans le *Périmètre de Chassezac* (Gard). Depuis la constitution du premier périmètre (200 hectares en 1863), «la dégradation s'est étendue sur les pentes; l'exploitation abusive des châtaigneraies, absorbées par les usines voisines de produits tanniques, s'est accentuée et rend indispensable aujourd'hui, l'extension du périmètre primitif sur une nouvelle surface de 225 hectares. L'Administration locale prévoit même la nécessité dans l'avenir d'extensions nouvelles si la déforestation continue dans les parties hautes du bassin...». On ne saurait faire plus naïvement profession d'imprévoyance. (Documents parlementaires, n° 3075. Chambre, session de 1906, 2° séance du 16 mai 1906. Rapport sur... le périmètre de Chassezac, etc., par M. Bonnevay.)

(2) Les ressources vivificatrices du sol que la nature tire de la coopération de ses «petits moyens» sont inépuisables. Avec l'aide du temps, elles assurent partout la prééminence de la vie dans la lutte contre l'inertie de la matière. (Ch. Flahault, *Les hauts sommets et la vie végétale.* La Montagne, 20 avril 1905.)

(3) En Anniviers, «il n'y a pas encore de pauvres et de riches, à proprement

De plus en plus, la culture se spécialise, s'adapte aux productions intensives, particulièrement à la réduction de la forme pastorale [1]. «Dans le pays du mouton» lui-même, le principe auquel il faut s'attacher pour résoudre les difficultés qui peuvent surgir entre les agriculteurs et les pasteurs, est qu'on doit toujours préférer les intérêts de la forêt à ceux des pasteurs et le plus souvent ceux de l'agriculture à ceux de l'élevage extensif» [2].

Une des grandes préoccupations des auteurs qui ont décrit *Le Pays du Mouton*, a été de ménager les abris boisés du sol, d'en développer les broussailles protectrices pour assurer l'alimentation des «points d'eau» indispensables aux migrations des troupeaux.

La France métropolitaine n'est plus à aucun titre le pays des cultures extensives, un «pays du mouton», c'est le pays de la houille blanche et des nitrates qui résolvent la «question du pain et de la viande moins chers» (Lucion), celui des cultures dérobées, des irrigations fécondes, des montagnes riches et peuplées.

C'est dans le but d'assurer ces transformations que s'est organisée à Bordeaux, en 1904, l'*Association pour l'aménagement des montagnes* [3]. Un de ses objectifs essentiels est de se substituer aux propriétaires de troupeaux transhumants amodiataires de terrains sylvopastoraux pyrénéens, d'y faire *gratuitement* les travaux que comporte un aménagement fructueux, tout en développant l'industrie sylvo-pastorale autochtone, et enfin, de remettre... le plus tard possible ces terrains à leurs propriétaires, quand on aura essayé d'apprendre à ces derniers à ne pas manger leur blé en herbe ! Des milliers de moutons espagnols transhumants ont déjà été expulsés

parler : les familles riches ont 20 à 22 têtes de gros bétail, les pauvres en ont au moins deux. On appelle riches dans l'Anniviers ceux qui ont plus à travailler que les autres, plus de toits à entretenir, ou de parcelles de champ à cultiver...». J. Brunhes et P. Girardin, *op. cit.*, p. 344.

(1) R. Olry, *L'agriculture française et la concurrence mondiale* (*Revue des Idées*, 15 juin 1907, p. 487).

Un fait économique considérable que je signale seulement ici, condamne fatalement l'élevage du mouton : c'est l'antagonisme croissant du *coton*, le *Roi-Coton* des Américains, et de la *laine*. Voir : R. Pupin, *Le Coton, production, consommation*, 1906; Gallois et Lederlin, *La culture du coton dans le monde*, 1898; T. Charpentier, *Les pays producteurs des laines*, 1906; P. Privat-Deschanel, *L'Australie pastorale*, 1908; Orléans (Le prince Louis d'), *L'Argentine*, 1908; O. Métin, *Le Socialisme sans doctrines. Australie, Nouvelle-Zélande*, 1901, etc.

(2) A. Bernard et N. Lacroix, *L'évolution du nomadisme en Algérie*, 1906, p. 62.

(3) «L'association nouvelle, née loin des embûches pastorales et autres, affran-

des pelouses louées, aménagées et améliorées par l'Association dans diverses hautes vallées pyrénéennes [1].

L'œuvre a essaimé dans les Alpes; et devant ces affirmations de vitalité, l'État s'est décidé à y coopérer. De ce fait, la généreuse et active initiative prise par M. Paul Descombes, dans les Pyrénées, et par M. le commandant Audebrand, en Dauphiné, se trouve heureusement consacrée.

Qui sait si cette forme d'étroite coopération qui fait de l'État un associé, travaillant à bénéfice mutuel avec la Société protectrice, ne renferme pas en germe une solution de la *Question des montagnes?*

En tout cas, les projets par lesquels l'État-Providence compte aujourd'hui restaurer le sol montagneux en développant l'expropriation du sol, auront les pires effets au point de vue de son peuplement : ils ne pourront qu'accentuer l'exode rural. Ils équivalent aux mesures violentes que le gouvernement prussien a inaugurées pour réduire les terriens polonais. Le pays saura s'en garer en France.

« Criez haut pour la forêt ! » conseille-t-on [2]. Mais, à quoi bon, si l'État « gardien, suivant une formule connue, de toutes les solidarités sociales, encore que ce soit sous des formes coercitives », confiant de parti pris dans l'efficacité des mesures projetées contre le déboisement en plaine et qui sont inaptes à l'entraver [3], se pré-

chie de toute attache locale immédiate, groupant des personnalités rompues aux choses pyrénéennes et au courant desquelles la thermalité les remet à chaque saison, est un instrument de régénération montagneuse unique. Comme elle ne s'inspire que de sentiments élevés, désintéressés et directement adaptés, tant au bien public qu'à l'évolution progressive des populations au milieu desquelles elle prend pied, il n'est pas douteux qu'on ne lui facilite les voies à tous les degrés, et qu'elle ne trouve des adhérents même très loin du bassin gascon ». (L.-A. Fabre, *Revue des Eaux et Forêts*, août 1904, p. 456). — Voir aussi : *Bull. Soc. Forestière de Franche-Comté et Belfort*, septembre 1904, et *La Géographie*, 1905, I, p. 133-134.

(1) Congrès de l'Association pour l'aménagement des montagnes tenus :

1° à Bordeaux en 1905. Compte rendu in-8°, 343 p., Bordeaux, Féret, 1906.

2° à Pau en 1906. Compte rendu in-8°, 356 p., Bordeaux, Féret, 1907.

3° à Bordeaux en 1907. (Congrès international), Compte rendu à l'impression.

(2) Pierre Baudin, *Le Journal*, 22 février 1908.

(3) Dans la forme où il a été proposé (Docum. Parlem. n° 3118, annexé à la séance au 22 mars 1906), le texte protecteur (?) des forêts, auquel il a été fait allusion du Parlement (Chambre, séance du 14 février 1908, p. 309), s'applique exclusivement aux déboisements *suivis de pâturage*, et non pas aux *déboisements seuls* qui resteront intangibles : les syndicats internationaux ne l'ignorent pas.

pare à multiplier les Chaudun, les Châtillon-le-Désert pour lutter contre la dénudation en montagne!

Où crier?

CONCLUSION.

L'exode montagneux est la manifestation ultime, la plus aiguë, la plus lointaine de l'exode rural : les montagnes se vident après les plaines : les villes et usines y aspirent des populations qu'elles dévorent sans jamais les remplacer. L'exode rural a des causes morales et psychologiques qui lui sont propres, mais l'exode montagneux a une cause matérielle et physique indiscutable, qui lui est toute spéciale, l'appauvrissement, la dégénérescence, l'exode même du sol. Cette cause est partout consécutive à la jouissance abusive. sans frein ni règle de la terre; aussi bien quand cette terre est exceptionnellement concentrée, soit par l'Etat, soit par des collectivités, soit par des individus, que quand elle est ultra morcelée. Une série de faits historiques remontant aux lois agraires de Sparte ou de Rome, nous conduisent par des tragédies terriennes ininterrompues à la crise du landlordisme, à celle plus récente du mir russe, à notre crise sylvo-pastorale actuelle. En Angleterre, en Russie, dans nos montagnes, le paysan avait ou conserve encore la jouissance du sol sans en avoir la propriété, échappant à la responsabilité personnelle et immédiate de cette jouissance. D'ailleurs, comme on a pu le voir, les terres en hautes montagnes ne sont pas individuellement appropriables; dès lors, elles restent vouées à toutes les déprédations, si le pouvoir qui les a appropriées collectivement, ou se les est conservées, ne les pourvoit pas d'un régime protecteur.

En France, où le dixième de notre territoire est en haute montagne, la plus excessive prudence doit régler la jouissance du sol sylvo-pastoral. Il est soumis à des «patrons naturels», au sens sociologique du mot (E. Demolins), auxquels nul ne saurait manquer. Tôt ou tard, ils auraient leur revanche et réapproprieraient aux efforts réparateurs de la nature une terre morte que son occupant, désormais violemment évincé, n'a su conserver vive et féconde.

Le législateur de 1789 perçut bien nettement la nécessité d'affirmer la propriété du sol à celui qui le tenait et le cultivait; malheureusement le législateur de 1791 a contrevenu aux lois de la nature en confiant témérairement à celui auquel le sol était approprié, le droit d'en user partout jusqu'à l'abus; il a commis la plus lourde faute culturale et sociale en se dessaisissant, à l'égard de cette jouissance, de toute autorité tutélaire, de tout droit de contrôle. La législation de 1848 ne fit qu'accentuer indirectement certaines causes naturelles de la dissociation du sol et du paysan. Les projets actuels de réappropriation à l'État des sols montagneux dégradés donneront le coup de grâce à tout espoir de restauration des montagnes, d'enracinement du montagnard au sol natal.

L'ignorance culturale était excusable en 1791, de même l'absentéisme de l'État dans les années postérieures. L'exploitation par «le nombre», qui suivit, il y a 60 ans, ne l'était plus. La spéculation étatiste projetée aujourd'hui met le comble à tous les sophismes antérieurs.

D'un jour à l'autre, le Parlement peut être appelé, sans presque s'en douter, puisque aucun programme d'études, aucune enquête sérieuse et pertinente n'a été faite depuis 25 ans en France, sur la *Question des montagnes*, à trancher un des plus graves problèmes sociaux qui se puissent poser : celui de la «nationalisation» des terres pauvres montagneuses. En consacrant ce principe, cette sorte de loi agraire sera la filière de dépossession violente par laquelle passeront, avec le temps, des millions d'hectares de nos terres, pauvres aujourd'hui, mortes demain, parce qu'on n'aura pas voulu les protéger à temps [1]. Saura-t-on jamais à quel chiffre de déracinés, d'expatriés, de chemineaux peut-être correspondra cette opération barbare?

Nous ne pouvons croire que ce projet ne soulève une réprobation

[1] A la Chambre des Seigneurs de Prusse, le Ministre de l'agriculture a demandé le droit d'exproprier 70,000 hectares de terres cultivées en Pologne, pour y «commencer» la germanisation : son premier effet a été de déterminer un immense exode de Polonais.

Nous ignorons encore, en France, la quantité et la situation des terres montagneuses que l'État projetterait d'exproprier pour achever la restauration des montagnes. On a vu (chap. III au début) qu'il resterait encore à «nationaliser» 141,244 hectares pour terminer le plan de restauration projeté avant 1900; mais personne ne peut plus contester que ce plan ne conduise à un échec absolu de l'œuvre entreprise.

Au pays du *Socialisme sans doctrines* (O. Métin), c'est par baux emphytéotiques à longs termes, qu'on enracine le colon sur son lot de terre d'État, sans d'ailleurs se préoccuper en rien de la protection des sols allotis : l'extension du désertisme, la lutte pour l'eau, le «rabbit pest» sont les conséquences nées, actuelles et progressives de ce désintéressement.

unanime dans le pays, qu'il ne se heurte à une autre muraille que la muraille pastorale, celle que pourront lui opposer les esprits éclairés, soucieux du bien public, et dont certains réprouvèrent justement «l'inhumaine expropriation du bien des Arabes» (P. Leroy-Beaulieu).

C'est à ces esprits que nous cherchons à faire appel aujourd'hui pour dégager le pays du maquis pastoral et orienter nettement notre législation montagneuse dans la voie de la *Protection du sol.*

La législation de demain, adaptée aux faits actuels et ménageant ceux à venir, devra :

1° *Protéger le sol* partout où est née et où peut naître sa dégradation, c'est-à-dire surtout en haute montagne, sur les plateaux élevés, à la source des rivières;

2° Soumettre à cet effet les terrains *protégés* à un *Régime* qui ne saurait être mieux choisi que le Régime Forestier créé par la loi de 1827;

3° Mettre à la charge de l'État, non seulement les frais de restauration des sols protégés, mais tous ceux que peut comporter leur gestion conservatrice et progressive.

Exonérer ces sols de tout impôt;

4° Stimuler, en la contrôlant, l'initiative privée, restauratrice du sol, individuelle ou collective; la subventionner dans la plus large mesure; lui assurer gratuitement tous les concours techniques utiles;

5° Restreindre entièrement la *nationalisation*, aux terres inaptes à donner économiquement d'autres produits que des produits sylvo-pastoraux : arides, rocheux, versants ravinés, instables, berges et lits de torrents, couloirs d'avalanches, etc.

Partout ailleurs, le sol *protégé* doit rester *la propriété de celui qui l'occupe*, à charge par ce dernier de subir la tutelle de l'État exigée par l'intérêt public.

Cézanne a montré, en 1873, «quels grands services avait rendus au pays la résistance non pas ouverte, mais très ferme», organisée par ceux qui, plus que d'autres, se trouvaient au fait des questions d'économie forestière[1], contre les partisans de l'aliénation des forêts de l'État. C'était une leçon.

[1] N..., *L'aliénation des forêts de l'État devant l'opinion publique,*

La crise sylvo-pastorale actuelle, aussi bien que celle de l'exode montagneux, sont d'ordre plus social qu'économique. C'est le gagne-pain de milliers de prolétaires, non pas entassés dans des usines, mais dispersés sur des millions d'hectares de terres pauvres, qu'il s'agit de défendre contre l'imprévoyance de tous, y compris celle de l'État; c'est aussi la possibilité d'une exploitation fructueuse et pérenne des richesses naturelles de notre sol qu'il faut absolument assurer à l'État.

Pour une pareille tâche, le moindre effort de chacun n'est pas de trop, dans tout le pays. Et l'on ne sera pas étonné de voir, comme il y a quarante ans, ceux qui recherchèrent et reçurent la mission de pénétrer les milieux montagnards, «d'avoir pour eux de l'amitié» (R. Bazin), de se les approprier pour ainsi dire, apporter aux discussions qui intéressent si étroitement ces milieux, une coopération susceptible de semer un peu de blé qui lève sur tant de terres qui meurent.

ANNEXE.

PROGRAMME DE MONOGRAPHIE D'UNE RÉGION SYLVO-PASTORALE.

L'ensemble des faits exposés devra remonter à une époque aussi éloignée que possible : il en sera justifié par des références précises, bibliographiques ou autres.

Un extrait de la carte d'État-Major au 1/80.000 ou de toute autre carte topographique à grande échelle et détaillée, sera annexé : des teintes, liserés ou signes conventionnels éclaireront le texte. Des photographies seront utilement jointes.

Il serait à désirer qu'on étudiât, d'une manière spéciale, l'histoire d'une ancienne famille locale en remontant aussi loin que possible dans ses origines ancestrales, pour arriver à la situation actuelle des membres survivants.

J. Rothschild, 1865, in-8°, 480 p. Discussions parlementaires. — Comptes rendus de l'Académie des sciences. — Articles de presse, etc.

Voir aussi : J. Clavé, *L'aliénation des forêts*. (*Revue des Deux-Mondes*, 1er mars 1866.)

I. Situation.

A. *Situation géographique.* Limites et étendue du territoire étudié. — Massif montagneux. — Vallée. — Ensemble ou subdivision de pays, etc.

B. *Situation administrative.* Département. — Commune. — Section. — Syndicat de communes. — Territoires extérieurs enclavés. — Classification générale des terrains d'après la dernière statistique agricole décennale; leur valeur vénale actuelle.

II. Physiographie.

Orographie. — Altitudes. — Expositions. — Climat. — Pluviométrie. — Régime des eaux. — Glaciers. — Enneigements. — Débâcles glaciaires. — Avalanches. — Torrents. — Lacs. — Tourbières. — Réservoirs artificiels. — Inondations, incendies et autres sinistres. — Eaux thermales. — Répercussion économique et sociale de ces divers facteurs.

Moyens d'accès, de relation extra et intra-montagneuse.

III. Démographie.

Races locales. — Idiomes. — Centres de groupements, permanents, accidentels; causes de la localisation, types d'habitations.....

Pour chaque centre «permanent» :

Population, sédentaire ou passagère; causes de l'instabilité. — Répartition par sexe, état civil; nombre de familles, ménages groupés avec ascendants et descendants. — Professions. — Natalités. — Mariages. — Divorces. — Décès. — Criminalités. — Processivité. — Alcoolisme. — Maladies endémiques. — Épidémies.

Cultes.

Personnages historiques et autres remarquables.

Foires. — Fêtes locales.

IV. Émigration. – Immigration.

Émigration : 1° dans les limites de la métropole; 2° aux colonies; 3° à l'étranger.

Immigration : 1° du territoire métropolitain; 2° de l'étranger.

Étudier les divers courants. — Intermittences. — Continuité. — Causes générales, accidentelles, professionnelles. — Industries et moyens d'existence des émigrants dans les pays où ils émigrent. — Industries et moyens d'existence des «Retour-à-la-Terre». — Sollicitations étrangères, coloniales, etc. : Développement de l'instruction, des fonctions publiques, des moyens de communication, des industries nouvelles, etc. — Morcellement successoral, dégénérescence, délaissement ou anéantissement de la propriété, etc. — Mode de rapatriement; voie administrative; situation des rapatriés. — Mouvement saisonnier, thermal, touristique, alpiniste...

V. Distribution de la propriété rurale.

(Grande propriété : au-dessus de 40 hectares. Petite propriété : au-dessous de 6 hectares).

a. *Propriété particulière.*

1° Propriété privée. — Nature; localisation; répartition par propriétaires en grande, moyenne, petite propriété.

Tenures diverses : familiale, métayage, fermage. — Mobilisation de la propriété : indivision, ventes, saisie. — Morcellement ou concentration. — Coutumes successorales. — Biens de famille, etc.

Impôts. — Tendances diverses.

2° Propriété syndicale. — Syndicats de particuliers. — Syndicats de communes. — Sociétés diverses. — Objectifs; pâturages, exploitations forestières, fruitières, minières; irrigation; colmatage; défense contre les eaux, les avalanches, etc.; éclairage, force motrice, etc. — Organisations diverses : Club-Alpin, Touring-Club, etc. — Fonctionnement. — Tendances.

b. *Propriété communale.*

1° Gestion communale directe, ou autre. — Nature. Distribution. — Mode d'exploitation. — Clauses principales des baux récents et remontant à 10 ans. — État actuel. — Rendements. — Taxes diverses. — Travaux d'entretien et autres. — Impôts. — Locations faites à des Sociétés locales ou étrangères, forestières, pastorales, fruitières, etc. — Mentions sommaires des propriétés diverses : eaux thermales, scieries, mines, carrières, refuges et hospices montagneux, etc.

État actuel de cet ensemble de propriétés; tendances.

2° Gestion administrative par le Service Forestier. — Brèves indications concernant : *a*) les forêts communales, *b*) les pâturages communaux. — Rendements; garderie, travaux divers, subventions de l'État, du département, des Sociétés diverses.

c. *Propriété d'établissements publics.*

Forêts. — Pelouses pastorales, etc.

d. *Propriété domaniale.*

Notions « succinctes » sur les Forêts, les Périmètres de reboisement, Établissements de pisciculture, Sécheries de graines, etc.

Terrains particuliers ou communaux, expropriés ou acquis à l'amiable par l'État. — Prix moyen d'acquisition. — Offres en instance, prix, etc.

VI. Culture.

Nature des cultures. — Causes de la localisation. — Rendements, matière et argent. — Répartition des cultures entre les divers propriétaires.

— Assolements. — Amendements. — Fumiers. — Engrais divers. — Irrigations. — Production, consommation, exportation. — Répartition et échelonnement des travaux pendant les périodes estivales et hivernales. — Instruments de culture, types principaux. Associations syndicales.

VII. Elevage.

a. *Élevage autochtone* (Estivage et hivernage sur le territoire étudié).

Nombre et espèce des animaux. — Nombre des propriétaires et quantité d'animaux divers possédée par chacun d'eux, isolé ou syndiqué. — Valeur individuelle et rendement net moyen de chaque animal. — Mode d'exploitation. — Périodes de l'inalpage. — Constitution du troupeau commun. — Personnel et frais de garderies. — Taxes diverses. — Régions, quartiers, contenances affectés aux diverses périodes de l'estivage et aux divers animaux. — Locaux pastoraux, types, parcs, chalets, granges. Récolte, commerce et emploi des fumiers...

b. *Transhumance.*

Coutumes locales. — Liès, passeries, bandites et divers accords, réglementations, actes internationaux, administratifs ou autres, relatifs à l'usage réciproque des pelouses, vacants et alpages par les populations voisines ou frontalières. — Quartiers des montagnes avec contenance, locaux spéciaux, affectés aux transhumants. Récolte et emploi des fumiers.

Origine territoriale des troupeaux. — Constitution de chacun d'eux par espèces d'animaux. — Domicile et profession des individus propriétaires; siège des Sociétés propriétaires; quote-part de propriété de chacun. — Conditions d'association. — Garderie, conduite, comptabilité. — Trajets parcourus à l'aller, au retour, leur durée. — Carraires, Drailles. Voies ferrées. — Dépenses de gestion. — Taxes locales. — Régions d'hivernage. — Produits, leurs débouchés. — Rendement moyen net et annuel des divers animaux d'un troupeau.

Distinguer dans ce chapitre :

a. Transhumance *passive ;*

Immigration périodique de troupeaux : 1° autochtones, 2° étrangers, métropolitains, etc.

b. Transhumance *active ;*

Émigration périodique de troupeaux autochtones hors du territoire étudié.

c. Transhumance *accidentelle ;*

Migrations irrégulières, sans séjour, de troupeaux étrangers.

VIII. Enseignement agricole, sylvicole et pastoral.

Fonctionnement local de cet enseignement. — Fréquentation des Écoles. — Cours d'adultes. — Conférences périodiques, accidentelles. — Terrains de démonstration. — Encouragements et distinctions donnés aux maîtres, aux élèves. Dons de : l'État, de Sociétés diverses, de libéralités particulières. — Sujets traités spécialement au cours des dernières années. — Résultats obtenus.

IX. Industrie.

a. Industries agricoles, piscicoles, forestières et pastorales, fruitières, beurreries, etc.

b. Petites industries d'hivernage à domicile.

c. Autres industries permanentes : scieries, papeteries, marbreries, filatures, tissage, nitrates, carbures, produits tanniques, etc.

Rapport de ces industries entre elles. — Débouchés. — Nombre d'ouvriers occupés par chacune d'elles, temporairement, à demeure, etc. — Tendances.

X. Situation financière.

Recettes ordinaires, extraordinaires. — Dépenses ordinaires. — Produit des centimes. — Montant et origine de la dette. — Charges hypothécaires de la propriété commune. — Prêteurs. — Nature de l'hypothèque, taux, annuités de remboursement, etc.

XI. Salaires.

Main-d'oeuvre. - Conditions du personnel et du travail.

Salaires moyens suivant : l'époque, l'emploi professionnel, les divers travaux. — Abondance ou rareté de la main-d'œuvre. — Mode de locacation. — Syndicats. — Provenance de la main-d'œuvre étrangère. — Influence locale de l'organisation des chantiers de reboisement et autres travaux sylvo-pastoraux. — Coutumes relatives au vêtement, à la nourriture. — Frais moyens par personne. — Coopératives. — Assurances contre les accidents, etc. — Hospitalisation. — Prévoyance, etc.

XII. Faits politiques.

Incidents électoraux les plus récents, aux divers degrés et intéressant immédiatement les questions forestières et pastorales locales. — Participation directe des représentants locaux à l'ensemble de ces faits...

XIII. Résultats généraux économiques.

État local de prospérité ou de crise. — Causes immédiates ou lointaines. — Rapport entre maîtres et serviteurs, patrons et ouvriers, administrants ou administrés. Avenir de la région étudiée.

XIV. — Étude détaillée d'une famille de la région.

www.ingramcontent.com/pod-product-compliance
Ingram Content Group UK Ltd.
Pitfield, Milton Keynes, MK11 3LW, UK
UKHW021219230726
13926UKWH00003B/1123